Ⓢ新潮新書

中島大輔
NAKAJIMA Daisuke

野球消滅

825

新潮社

はじめに

なぜ、セ・リーグとパ・リーグは手を取り合い、「プロ野球」として一つになってリーグビジネスを本格的に行わないのか。

なぜ、野球界には川淵三郎のような絶対的なリーダーが存在しないのか。

侍ジャパンがプロから社会人、大学生、高校生、中学生、小学生、女子まで全世代にチームを持ち、日の丸をつけて戦っている目的は何か。

プロ野球とアマチュア野球を隔てる「プロアマの壁」は、今は取り除かれたのだろうか――。

1934年に誕生したプロ野球は近年、観客動員数が右肩上がりに伸び、2018年には史上最多の2555万719人がスタジアムに詰めかけた。

2018年夏に100回大会を開催した高校野球では、甲子園球場に連日大勢のファンが押し寄せ、総入場者は史上最多の101万5000人を記録した。

現在、プロ野球や高校野球が開催される球場は、かつてないほどの盛況を呈している。一方、日本で100年以上続く野球界の構造は、ほとんど世間に知られていないように感じる。例えば、冒頭に記した問いについて、答えられる人はどれほどいるだろうか。野球界の複雑怪奇な構造は、とりわけ近年、その成長を阻害しているように思う。

1995年時点で日本のプロ野球＝NPBと、アメリカのメジャーリーグ＝MLBはともに1400億円と同程度の収益だったものの、2018年時点はNPBが1800億円ほどなのに対し、MLBは1兆円を超える。MLBの成長要因はリーグビジネスに本腰を入れたことだが、NPBが同様の取り組みを始める気配はまったく見えない。

川淵三郎という絶対的なリーダーがJリーグやBリーグの発足に尽力した一方、野球界では、NPBのコミッショナーも日本高等学校野球連盟の会長も極端に存在感が薄い。クライマックスシリーズから2位、3位のチームが日本シリーズに勝ち進むたび、制度のあり方が疑問視されるが、NPBのコミッショナーは何の意見も表明しない。真夏の試合で熱中症を憂慮する声に対し、日本サッカー協会が大会／試合スケジュールの規制を行っていることと比べると、高野連の対策は大きく見劣りする。

侍ジャパンは2020年東京五輪での金メダル獲得を絶対目標としているが、日の丸をつけて戦うそもそもの目的を、今も胸に抱いているのだろうか。

「プロアマの壁は取り払われた」という関係者やメディアは決して少なくないが、本書を手にしてくれた野球ファンは、本当にそうだと感じているだろうか。

なぜ、野球界はサッカーのように一つにならないのか——。

各所で度々指摘されてきたが、一つにならない理由は明確で、そもそも運営者が異なるからだ。広く知られるように、プロ野球は読売新聞、高校野球は朝日新聞の主催で始まった。社会人野球は毎日新聞、学童野球は東京新聞にバックアップされている。

読売はプロ野球、朝日は高校野球を「社業」と位置づけ、力を入れてきた。サッカー界が一つのピラミッドで発展してきた一方、野球界には様々なステイクホルダーが存在するからこそ、現在まで成長できたのもまた事実である。

ただし今、野球界はバラバラであるがゆえに、その将来を脅かしかねない難題に対し、効果的な対策を打てずにいる。深刻な問題の一つが、子どもの野球離れだ。

2007年から2016年にかけて、小・中学生の野球人口は66万3560人から48

万9648人と26・2％減少（出典：全日本野球協会）。同期間のサッカー人口は51万8808人から54万9962人と6％の増加だった（出典：日本サッカー協会）。少子化の6倍のペースで野球少年は減少している。

「アマチュアがプロ野球選手をつくってくれていて、プロはそれを使わせてもらっているというのが野球界の構造です。そう考えると、野球の競技者が減るとプロ野球選手の質が落ちます。それはプロ野球に跳ね返ってくる」

侍ジャパンの事業部で働き、現在は独立して「R.E WORKS」でアスリートマネジメント事業などを手掛ける加藤謙次郎氏はそう語る。

アマチュアの指導は多くのボランティアに支えられ、そこから優秀な子どもたちがプロまで到達することを考えると、アマチュアの恩恵でプロ野球が成り立っているのは間違いない。子どもの野球離れが起こっていることは、プロ野球にとっても極めて深刻な問題だが、プロ野球関係者にはそうした想像力さえ働かない者もいる。2016年末のオーナー会議で野球少年減少が話題に上がったとき、「そんなのは大した問題じゃない」と一笑に付したオーナーがいたという。プロ野球の観客動員は増え続けており、野球少年減少を「対岸の火事」と捉えているのだ。この発言を伝え聞いたプロやアマの野球関係者は、一様に落胆の表情を見せていた。

「お前がトップのうちに変えないで、どうするんだ？　思い切ってやれ」

1993年にJリーグの初代チェアマンとして開幕宣言を行い、その20年以上後にバスケットボールのBリーグ発足に尽力した川淵三郎は、2018年5月に誕生した野球界の新リーダーをそう叱咤した。

川淵に背中を押されたのは、全日本野球協会（BFJ）の新会長に就任した山中正竹だ。全日本野球協会はいわゆる「NF」（ナショナル・フェデレーション＝国内競技連盟）で、サッカー界で言えば日本サッカー協会と同じ位置付けになる。

だがサッカー界と異なるのは、野球界のNFはバラバラの組織の集合体にすぎないことだ。オリンピックに出場するためにはNFが必要とされるため、1990年、日本野球連盟（JABA＝社会人野球を統括する組織）と日本学生野球協会によって設立されたのが全日本野球協会（当時の名称は全日本アマチュア野球連盟。2013年に改称）だ。

そうした長としての難しさを、就任から数カ月後、山中会長はこう明かしている。

「（野球界のあり方を）おかしいよねと感じている人は（内部にも）いっぱいいるんで

すよ。でも、それを言えば煙たがられるとか、メンバーから外されてしまう。今の野球界に川淵三郎が入ってきても、そうも（簡単に）行かんのじゃないかと僕は思う」

人気絶頂のプロ野球や高校野球だが、足元に目を移すと深刻な地盤沈下が起きている。そう遠くない将来、業界の構造が根本から変わるような事態が起こりかねない。

果たして30年後、プロ野球はちゃんと興行を続けられているだろうか。子どもの野球離れに効果的な手を打ち、バッドエンディングを逃れることはできるだろうか。

人口減少に効果的な策を打てず、急激な過疎化や、最悪の場合は消滅に至るというシナリオは、日本全国、様々な組織や産業で起こっている。社会の劇的な変化に対応できなければ、衰退の一途をたどるのは世の習いだ。１００年の時を経て日本のナンバーワンスポーツになった野球は、足元の危機をどうやって乗り越えていけばいいのだろうか。

まずは深刻な少年野球人口減少の事実を受け止め、それに基づいた未来予想図を描き、野球離れを進行させる諸々の要因を浮き彫りにすることがファーストステップだ。少子高齢化の進む日本で、野球界が見舞われている危機に目を向けることは、野球界の当事者はもちろん、日本全体にとって意義あるケーススタディになるはずだ。

野球消滅——目次

第一章　プロ野球ビジネスが成り立たなくなる日

２０１８年シーズン、プロ野球の観客動員数は史上最多の２５５５万７１９人を記録した。球界再編騒動の翌年、実数発表を始めた２００５年が１９９２万４６１３人だったことを考えると、近年の野球人気がよくわかる。

だが、それはあくまでプロ野球の観客動員にまつわる数字だ。野球界の裾野に目を向けると、まったく異なる現象が起こっている。小・中学生の野球人口は２００７年から２０１６年にかけて26・２％も減少しているのだ。

「他のスポーツと比べて野球の競技人口減少スピードが速くなっているのは、球団経営という観点からも非常に危機意識があります」

２０１７年夏、未就学児を対象とした野球振興プロジェクトを始める際の記者会見で、横浜ＤｅＮＡベイスターズの岡村信悟社長はそう語った。

実際、子どもの野球競技人口は、他競技より減少幅が大きい。

２００２年から２０１４年にかけての日本スポーツ少年団登録データが分析されている「スポーツ少年団現況調査報告書」（２０１６年10月発表、公益財団法人日本体育協会、日本スポーツ少年団、公益財団法人笹川スポーツ財団）を見ると、小学生世代における野球の地盤沈下がよくわかる。

各競技の２００２年の団員数を１００％とし、２０１４年の増減割合を示したのが以下のデータだ。スポーツ少年団全体では93万４１９６人から74万１７９７人で79・４％となっており、この数字を下回る競技はパイを奪われている（スポーツ少年団の約９割が小学生。同期間の小学生人口の増減率は91・２％）。

・全体　79・４％（93万４１９６人から74万１７９７人）
・軟式野球　79・８％（16万３０１９人から13万10人）
・サッカー　89・９％（16万３４７人から14万４１７８人）
・バスケットボール　93・９％（７万４７２６人から７万１９２人）
・バレーボール　90・３％（５万７０１４人から５万１４６８人）

・空手道　77・2%（5万7377人から3万9163人）
・ソフトテニス　107・7%（1万3834人から1万4897人）
・バドミントン　88・2%（1万6161人から1万4254人）
・陸上競技　136・8%（9837人から1万3453人）
・卓球　63・5%（1万3656人から8670人）
・水泳　82・3%（8561人から7046人）
・体操　95・3%（3960人から3772人）
・ラグビーフットボール　77・5%（3142人から2436人）
・野球（硬式野球）311・2%（2028人から6312人）

全体の79・4%を上回るサッカー、バスケットボール、バレーボール等は、小学生人口が減るなかで一定の人気を保っていると言える。

対して伸び悩みや減少傾向にあるのが軟式野球、空手道、ラグビーなどだ。軟式野球は2014年時点でサッカーに次いで多くの団員数を誇るが、3万人以上減らした。

興味深いのが、軟式野球に比べて人数は圧倒的に少ないものの、野球（硬式野球）は大きく伸ばしていることだ。これは野球の「二極化」や「早熟化」、そして「スポーツの習い事化」との関連が考えられる。第二章で詳しく見ていく。

なお、この調査では「スポーツ少年団に登録していない非営利の青少年スポーツ団体・チームや、民間スポーツクラブなどの活動が盛んな地域もある。したがって、団員数の減少は、必ずしも小学生年代のスポーツ参加者の減少を意味するものではないことに留意する必要がある」としている。

プロ野球に待つ「最悪のシナリオ」

子どもの野球離れは、今後のプロ野球にどんな影響を及ぼすだろうか。

20〜30年後に起こり得る「最悪のシナリオ」を危惧するのはDeNAだけではない。埼玉西武ライオンズの市川徹氏（取材時は事業部、現在は企画室）が憂慮する。

「（競技者減少でプロ野球の）レベルが下がることによってチケットが売れなくなる、グッズが売れなくなる、放映権が売れなくなるというのが最終的にあると思っています。もちろん、球場に見にくる人もいなくなるのでは、と。つまり、プロ野球が商売として成り立たなくなるという状況に、将来的に陥ってしまうのではと感じています」

プロ野球は文字通り、日本で最も野球の技能が高いプロ選手たちが真剣勝負を行い、ファンを楽しませるスポーツエンターテインメント興行だ。長らく日本では最も運動能力の高い少年たちが野球をプレーし、指導者たちに育成されてきた結果、世界でNPBはMLBに次いで高いレベルを誇っている。だからこそ各球団は多くの観客を動員し、1年間で平均100億円の売上高を得られてきた（金額は、瀬戸山隆三著『現場を生かす裏方力』より）。

だが、1990年代前半に人気となったJリーグや漫画『スラムダンク』などの影響で、運動能力の高い少年がサッカー、バスケットボールを選ぶケースが増えていった。千葉県の名門・習志野高校で野球部に所属し、現在は東京や埼玉で野球スクール「JBS武蔵」を運営する下広志代表は、「運動能力の高い子を先にサッカーにとられ、そうではない子が野球にいるという状況です」と語る。

運動能力の高い子が必ずしも野球をプレーしなくなった今、このまま競技人口が減り続けた場合、果たしてプロ野球は現在のようなレベルを維持できるのだろうか。そのシナリオは大きく二つ考えられる。

一つ目は、全体の競技者数が減り続けた場合、必然的に優秀な選手の数も減少し、プロ野球のレベルが落ちるというものだ。ピラミッドを支える土台が細くなっていけば、頂点に近づくにつれて先細っていくというイメージである。

ＤｅＮＡの野球振興・スクール事業部の會澤裕頼部長はそうした可能性を危惧する。

「（野球界の）底辺になる、『野球をやる人』がどんどん増えていかないと、そのうちファンも減っていくし、もっと言うと筒香（嘉智）選手みたいなスーパースターが生まれなくなる可能性もある。フィジカルリテラシーの高い子がサッカー、バスケ、水泳などに行ってしまい、野球はフィジカルリテラシーがそんなに高くない子がやるようなスポーツになると、競技レベルが下がってプロ野球自体の魅力も減ってしまいます」

〝選ばれた人〟ではなく〝選んだ人〟がプロ野球選手になる

二つ目は、プロ野球選手を毎年のように送り出す大阪桐蔭高校や横浜高校を筆頭に、アマチュアトップクラスの指導は高いレベルにあり、たとえ全体の競技者が減ったとしても、現在と同じくエリート層は順調に育成され、プロ野球の競技レベルは維持される、というものだ。

大谷翔平（ロサンゼルス・エンゼルス）やダルビッシュ有（シカゴ・カブス）など

数々の好選手を獲得してきた北海道日本ハムファイターズの大渕隆スカウト部長は、そう考える一人である。

「今までの野球界はピラミッド形で、最後に残った人がプロ野球選手になりました。このまま競技者が減っていけば、〝選ばれた人〟ではなく〝選んだ人〟たちが切磋琢磨していくことになる。自分で選択している限り、野球をするという前提の家庭であるから、時間的な余裕、経済的な余裕、親の興味がすべてそろっているので、非常に確率のいい形で伸びていくという感覚はあります」

これまでの野球界は、裾野を支える学童野球から頂点のプロ野球まで「ピラミッド形」で形成されてきたが、今後は「縦長の長方形」で選手が育成されていくイメージだ。大きなパイから年代を経るにつれて厳選していく形から、数ある競技から野球を選んだ子どもを確実に引き上げていく。

第二章で詳述するが、野球競技人口減少の理由としては、「練習が長いため、子どもを塾に行かせにくい。家族の時間も取りにくい」「母親が送り迎えやお茶当番で駆り出される」「お金がかかる」などという声が多い。しかし、諸々の条件を覚悟して野球を始めた家庭の場合、理解ある親が時間・金銭の両面でサポートし、野球選手を育てていくための格好の環境が整っている。そうしたやる気のある少年がノウハウを持った指導者に育てられれば、たとえ少数精鋭でも、プロ野球にたどり着くようなトップ層を一定以上の確率で生み出していける可能性は十分にある。

金銭的にも「夢の舞台」

ただし、少数精鋭型でプロ野球の競技レベルを維持していくには大前提がある。プロ野球が、最低でも現在と同程度のマーケット規模を維持していくことだ。

2018年シーズンのプロ野球で、日本人選手の平均年俸は3955万円だった(出来高払い分を除く)。Jリーグのと J1は2661万円で、J2は440万円前後とされる。2018年-19年シーズンのBリーグは1310万円だ。多くの注目を浴びるプロ野球は、華やかな舞台が用意されているだけでなく、金銭的にも「夢の舞台」と言える。

そうした高額の年俸を各球団が選手たちに支払うことができるのは、特にここ10年、ビジネスとしてうまく回っているからに他ならない。主な収入の内訳は、入場料収入、グッズ収入、テレビやインターネット配信の放映権料、スポンサー収入などだ。

「ZUU online」の記事「プロ野球　球団はどうやって稼いでいるのか?　ゴ

ールデンタイムのTV中継激減」（2017年10月1日）によると、2016年の広島東洋カープは182億円を売り上げ、入場料収入は約58億3000万円、グッズ収入は53億円。テレビ収入は2004年が30億円ほどで、現在はその半分以下と言われている。

仮に観客動員が落ち込んでいくと、前述の西武・市川氏が指摘するように、入場料収入が下がり、グッズが売れなくなり、放映権はコンテンツの価値とともに下落し、スポンサーも離れていく、という負の連鎖が起こりかねない。

延べ人数は増えても、実人数は増えていない

近年増加を続けている観客動員数だが、プロ野球の未来を予測するうえでは様々な角度から見るべきだ。

そもそも過去10年、プロ野球の試合に多くの観客が足を運ぶようになったのは、必ずしも新規ファンが増えたからではない。西武の市川氏はこう話す。

「観客動員が増えたからといって、野球人気があるとは思っていないです。球場に来るファンの延べ人数は増えているけれど、実人数が増えていないことはわかっています」

あらゆるエンタメビジネスにとって新規ファンの獲得は極めて大事だが、決して容易

なミッションではない。それよりすでに興味をある程度持っているライトファンをコア化させて、リピーターになってもらうほうが観客動員数を増やしやすい。

プロ野球でそうした戦略で成功したのが、2000年代中盤の千葉ロッテマリーンズだ。前述した元侍ジャパン事業部の加藤氏は2007年、大手鉄道会社から東京ヤクルトスワローズに転職し、ロッテ改革を目の当たりにした。

「業界のみんなが、『なんか、すごいことをやっているな』とロッテのビジネスに注目していました。それで各球団が手探りでやりながら、あるとき勝ちパターンが見えてきました。それがCRMビジネス。ファンクラブをきちんと整備して、そこを入り口にして客単価を上げる。その勝ちパターンが出てきたのがこの5年くらいで、プロ野球の観客動員数が上がっていますよね」

CRMは「Customer Relationship Management」の略で、「顧客管理システム」と訳される。売り上げアップにつながりやすい〝お得意様〟を増やし、ビジネスを成功させようというマネジメント方法だ。

2000年代前半のプロ野球ではファンクラブの会員証が紙の球団もあったが、カードにICチップをつけてデジタル化し、顧客管理したことでファンのリピーター化が進んだ。それが現在、観客動員が増え続けている要因であることは、球界のビジネス畑の者なら誰もがわかっている。

　プロ野球の営業面を短期的に見るなら、ＣＲＭビジネスを回していけば成果は出るだろう。ただし中期的、長期的な視点に立ったとき、「ファンの延べ人数は増えているけれど、実人数が増えていない」のは大きな課題になる。

「２０１７年スポーツマーケティング基礎調査」（出典：三菱ＵＦＪリサーチ＆コンサルティングとマクロミル）によると、日本のプロ野球ファンは２００９年の３７８０万人から２０１７年には２８４５万人に減少。この調査は男女各１０００人から回答を得て、年齢階層別のファン率と年齢階層別の人口を掛け合わせて算出した数字だ。

　スタジアムに足を運ぶ人の延べ人数が増え続けている一方、同調査における「プロ野球ファン」が減少しているという対極的な事実は、球場には行かなくてもテレビ観戦やニュースで結果を確認するといったライトファンが少なくなった可能性を示唆している。

CRMの限界、地方の野球離れ

　このままプロ野球がユニークユーザーを減らし続けた場合、ＣＲＭビジネスだけでは経営的に限界が来るかもしれない――。前述の加藤氏はそう語る。

「20年くらい前までのプロ野球は巨人が中心で、日本にファンが何千万人もいるなかでの12球団でした。それが全体的にファンの人が少なくなってきて、今後は野球に本当にタッチしない層が日本のなかでマジョリティになってくると思います。ルールもわからないとか、生活のなかで興味がないとか。そうするとプロ野球ファンのパイが減っていくのは間違いなく、今後12球団でやっていけるかという議論が出てくると思います。

今、プロ野球は大都市で行われて成り立っている。それで地方から野球の芽がなくなっているのは、ある程度数字で証明できていると思います。その先にはおそらく……。CRMで成功しているのはこの10年。同じやり方でやっていると必ずアッパーが見えてくると思うので、ビジネスとして今後どう展開していくか。そこで野球離れが結構大きなものになってくるかもしれないという気がしますね」

プロ野球は大都市だから成り立つ経営モデルだ。例えば2004年オフに新球団として誕生した東北楽天ゴールデンイーグルスが本拠地をどこに置くのか決める際、三木谷浩史会長は「プロ野球の空白地であること」と「地元の野球に対する熱意が高いこと」から仙台に決めたと会見で話したが、その裏には「一定以上の人口がいる都市圏でなければ球団経営は成り立たない」という理由も隠されている。

一方で加藤氏が言うように、プロ野球の球団を持たない地方都市では、すでに様々な点で野球離れが顕在化している。

例えば「Ｎｕｍｂｅｒ Ｗｅｂ」で広尾晃氏が執筆した「プロ野球、最多観客動員の裏で……。『野球離れ』を裏付ける恐怖の数字。」という記事（２０１８年1月26日）によると、２０１７年のプロ野球では35試合が地方球場で開催され、動員率は65・９％だった。12球団全体の本拠地動員率が82・３％だったことを考えると、大きく劣っている。

そもそも地方では観客が入りにくいため、開催試合数自体が少なくなっているという。

日本全国で人口減少と少子高齢化が加速する今後、地方で野球文化が衰退していくと、プロ野球にも大きな痛手となって跳ね返ってくる。

韓国の野球部員は男子生徒全体の０・３％

２０５０年、「日本は世界で最も高齢化した社会になる」――。

現在から30年後の未来について、英国誌「エコノミスト」は２０１２年にそう予測している。

総務省の資料（「国土の長期展望」中間とりまとめ）によると、２０５０年には人口９５１５万人になると見込まれる。そのうち高齢人口（65歳以上）は３７６４万人で39・６％、生産年齢人口（15〜64歳）は４９３０万人で51・８％、若年人口は８２１万人で８・６％だ。

楽天が本拠地を置く宮城県では２００５年と比べて33％減少して１５８万２０００人となり、高齢者の占める割合が37％に達すると「朝日新聞」は報じた（２００７年４月20日、資料：国勢調査に基づく七十七銀行の推計）。

社会が高齢化し、生産年齢人口が減ると、当然、経済にも大きな影響が出る。ゴールドマン・サックスは「スペイン、日本、アイルランドの財政がギリシャより悪くなる」と予測している（「日本経済新聞」２０１０年2月26日より）。

さらに、「豊かさの指標であるＧＤＰで、日本は韓国の約半分になる」と英「エコノミスト」編集部による書籍『２０５０年の世界　英「エコノミスト」誌は予測する』には書かれている。

30年後、日本にこうした未来が訪れた場合、果たしてプロ野球はどうなるだろうか。「最悪のシナリオは、相当ヤバイことになります」

前述したロッテの観客動員増に尽力した一人で、後に侍ジャパンのデジタル改革を手がけ、現在はスポーツマーケティングラボラトリーを経営する荒木重雄氏はそう語る。同氏が例にとったのは、韓国の野球と日本のキックボクシングだ。

アジアで日本と同レベルの実力を誇る韓国プロ野球は人気が高まっており、2018年には3年連続で観客動員800万人を突破した。

だが、韓国で野球は「見る」スポーツという位置付けで、「する」スポーツではない。学歴社会が根付き、そもそも中学や高校でスポーツをする人はほんの一握りだという。

韓国野球に詳しい室井昌也氏（ストライク・ゾーン）が「NewsPicks」に書いた特集記事「韓国野球超エリート主義」によると、そもそも野球部のある中学は全体の3・2%、高校は2・9%で、それぞれ野球部員は2944人と2613人。男子生徒全体のわずか0・3%である（2016年3月時点）。

ちなみに同時期の日本の場合、野球部のある学校は中・高ともに8割を超え、野球部員はともに男子生徒全体の1割以上に達している。

「する」と「見る」の関係

また、タイの国技ムエタイを基に日本で始まったキックボクシングは、昭和の時代に人気が爆発した。1966年にデビューした沢村忠がスーパースターになり、テレビ番組の視聴率は20%以上を連発する。自分でキックボクシングを「する」人は限られるが、「見る」スポーツとして多くのファンに支持された。

プロ野球の未来を予測するうえで、スポーツの「する」と「見る」の関係性に荒木氏は着目する。

「理想としては『する』スポーツの延長線上に『見る』があることです。『見る』があるから『する』。以前のプロ野球ではこの二つがうまく機能していました。その流れで『する』が減少すると『見る』も減るというロジックが回り出すと、プロ野球はほぼ絶滅します。いわゆる産業としては成り立たなくなる」

日本で長らく野球は「する」スポーツであり、同時に「見る」スポーツだった。子どもたちは公園や空き地で野球遊びをして、家に帰ったらテレビでナイター中継を見る。だからこそ野球はナンバーワンスポーツとなり、プロ野球は人気を博した。

しかし、時代の変化とともに公園で野球をすると苦情が来るようになって禁止され、空き地は姿を消した。公園で目につくのは頭を付き合わせるようにしてゲームの画面をのぞき込む子どもたちの姿で、スポーツに熱中する子どもはめっきりと減っていった。

加えて大阪や福岡、広島、北海道など限られた地域を除くと、地上波でナイターが放送されるのは日本シリーズくらいで、シーズン中はほぼなくなった。２００５年には巨人戦の１２９試合で全国ネット中継が行われていたが、翌年から減少していき、２０１０年に32試合、２０１５年には7試合まで激減。野球は「する」と「見る」の両面で、日本のなかで存在感が薄くなった。

野球という競技の特性を考えたとき、とりわけ「見る」機会の減少について荒木氏は憂慮する。

「野球はキックボクシングやサッカーと違い、ルールが非常に難しい。ルールがわかればわかる人ほど、野球の楽しさがわかるという特徴があります。ゴールに入れれば点が入るという話ではないですから。そうなると、少なくとも見てもらわないとダメですよね。野球をやったことがある人が見るから、理解できて面白い。そういうロジックになった場合、野球をする人が減って、『ルールがわからなくて、面白くないから見ない』というスパイラルにはまると、かなりヤバイ状態になります」

例えばラグビーは「ルールが難しい」競技だ。ルールがわかる人たちにとっては非常に面白く、日本でも一定のファン数を誇るが、門外漢には楽しみ方がわかりにくい。

同様に野球も「ルールが難しい」競技であり、「する」人が一部になり、「見る」人も少なくなっていったとすると、マーケットの規模を縮小せざるを得ない可能性が高くなる。そうなった場合、必然的に選手への年俸も少なくなるだろう。

韓国のスポーツ紙「スポーツソウル」によると、2018年の韓国プロ野球の平均年俸は約1502万円（新人、外国人選手は除外）。日本の半分以下だった。

NPBの年俸が同程度になった場合、日本の優秀な選手が好条件や大きな夢を求め、現在より多くMLBに流出する事態が考えられる。2018年には大阪在住の結城海斗投手が高校に進学せず16歳でカンザスシティ・ロイヤルズと契約し、日大山形の佐藤洸太投手はメジャーリーグ挑戦を見据えてアメリカのエドモンズ大学を進学先に選んだ。こうした選択をするアマチュア選手が増えていくだろう。

あるいは、そもそも子どものときに野球を選択せず、もっと夢を持ちやすいサッカーやバスケットボールなどに道を求めるかもしれない。

いずれにせよ、子どもの野球離れの先にはNPBの空洞化が危惧される。

「見る」を楽しむ野球女子

ただし、上記はあくまで最悪のシナリオだ。すぐに戦略的かつ効果的な手を打てば、回避する道もあるはずだ。

前述の荒木氏は、「プロ野球が興行として一つの最高峰のゲームの価値を持ったなかで、見る人が増えていくということだってあり得る」という。

好例が、カープ女子に代表される女性ファンの増加だ。日常生活では着ないユニフォームに身を包み、特別感のあるスタジアムグルメを堪能し、贔屓《ひいき》選手のグッズを購入して応援する。いわゆる音楽フェスティバルのような参加型の楽しみ方である。テレビ観戦なら贔屓チームを応援するだけではなく、試合の流れや配球、采配などに注目して中立的に楽しむ人も少なくないが、臨場感や高揚感に包まれたスタジアムでは勝敗や得点、目の前の結果に一喜一憂し、感情的に見たほうがストーリーに没頭できる。そうした非日常的な空間に魅了され、近年、多くの女性ファンが来場するようになった。

つまり「する」スポーツとして競技人口を減らしても、「見る」スポーツとして人気を維持していく道もある。これは野球に限った話ではない。競技者とファンは必ずしも一致しないからだ。

高校球児の割合は増加

40年ほど前の日本は、男の子なら誰もが公園や空き地で野球遊びをするという時代だった。松坂大輔（中日）の2学年上で、阿部慎之助（巨人）や山井大介（中日）と同学年の筆者は東京都中野区や埼玉県所沢市で幼少期をすごし、公園や空き地で野球遊びをした最後のほうの世代だ。

現在50代前半の1966年生まれを例にとると、1986年に成人を迎えた男性は93万人だった（総務省統計局の資料より）。

日本高等学校野球連盟の資料によると、66年生まれで高校1年生のときに硬式野球部員として登録したのは4万4927人、2年生まで続けたのは3万5673人、3年生まで継続したのは3万2740人。

これらの割合から計算すると、高校入学時に硬式野球部に入った者は全国の男子高校生のなかで4・8％、3年時まで続けたのは3・5％になる。男の子の多くが野球で遊んだ世代でも、高校球児として甲子園を目指すのはこの程度の割合だった。

対して2000年生まれの世代で、2016年に高校入学した男子は56万1756人（文部科学省による「学校基本調査」平成28年度結果の概要）。そのうち硬式野球部に入部したのは5万7406人で、2年生まで続けたのは5万3919人、3年生まで継続したのは5万2233人だった。

つまり、2016年に全国の男子高校1年生で硬式野球部に入ったのは10・2％、そのうち3年生まで続けたのは9・3％。子どもの野球離れが進むなか、全国の男子高校生に占める高校球児の割合は40年前から大きく増えているのだ。

それだけ聞くと、「なんだ、『野球離れ』って言っても大したことないじゃないか」と思われるかも知れないが、ことはそう単純ではない。

ターニングポイントだった2010年

野球をして「遊ぶ」子どもが減った一方、競技として高校生まで「する」人の割合は増えている。そうした野球の二極化は、それだけ野球に触れるパイが限られてきた表れと言えるかもしれない。

二極化が進むと危惧されるのは、熱狂的な者たちには支持される一方、ライト層との間に乖離ができることだ。大衆に受けにくく、コア化、マニア化していく。

そうした点で、プロ野球関係者の間で不安視されている数字がある。ファンの年齢層が上がっていることだ。

「日本経済新聞」電子版の「阪神、若者呼び込め　ファン高齢化に危機感」という記事（２０１８年6月29日）によると、２０１７年に12球団最多の観客動員を記録した阪神タイガースでは、観客の平均年齢は40歳代後半だった。10年前と比べて7～8歳上昇したという。

調査会社のニールセンが「ＡＺｒｅｎａ」の「女性と若年層はどれほど伸びた？　３大プロスポーツリーグの観客の現状」という記事（２０１７年4月21日）で実施した調査によると、プロ野球ファンは40、50代が多く、ＪリーグとＢリーグは30代が多くを占める。その要因について、同記事ではこう述べられている。

「世代で流行《はや》ったスポーツ漫画が原因としてあるかもしれない。野球を代表する漫画といえば『巨人の星』『ドカベン』といったものになり、70年代前後で流行ったもの。バスケブームを起こした『スラムダンク』は90年代前後に流行ったもので、リアルタイムを10歳ごろに過ごしたことを考えれば説明がつく。サッカーに関しては93年のＪリーグ開幕を小学生時代に見て、のめり込んだという層も多いだろう」

サッカーやバスケットボールにプロリーグ誕生、人気漫画という追い風が吹いたのに対し、野球は逆風に見舞われた。プロ野球が地上波で放送されなくなったのだ。

２００１年３月にはフジテレビ系列『プロ野球ニュース』が地上波で放送終了となった。『プロ野球ニュース』は全試合の詳細なハイライトや解説が放送され、プロ野球の魅力を知るうえで極めて貴重な番組だった。

そして前述したように、２００５年に巨人戦の１２９試合で行われていた全国ネット中継が翌年から減少し、２０１０年に32試合、２０１５年には７試合まで激減した。代わりにＢＳやＣＳで巨人戦以外も中継されるようになったとはいえ、地上波という子どもにとって気軽な接点が失われた影響は大きい。埼玉県所沢市の学童野球チームでコーチを務める大塚記央さんは、「子どもはわざわざＢＳのボタンを押して見たい番組を探さない。地上波での放送がなくなり、プロ野球とのタッチポイントが失われた」と指摘する。

学童野球の指導者に子どもの野球離れの理由を聞いて回ると、同様の声が多く聞かれた。プロ野球との接点が少なくなり、野球を始める動機の一つが消えてしまったのだ。

「見る」が失われたことで、「する」の入り口が狭くなっている。
小・中ともに、選手数を大きく減らし始めたのは2010年だ。

スポーツ少年団の軟式野球に登録する選手は2009年に18万58人まで上昇したものの、翌年から減少傾向となり、2014年には13万10人まで減らした。

中体連の軟式野球部員は2009年に30万7053人だったが、翌年29万1015人と一気に減らすと、2014年には22万1178人まで減少している。

2006年からの地上波中継減少がボディブローのように効き、2010年、ついに子どもの競技人口減少として現れ始めたのではないだろうか。

地元のチームに入って野球を「する」子が減ったばかりでなく、友だちと遊ぶような感覚で気軽に「する」子も減少した。

2018年9月にバンダイが発表した「小中学生のスポーツに関する意識調査」によると、「体育の授業以外で行っているスポーツ」で男子の1位はサッカーで16・4%、2位は水泳で15・1%、3位は野球で6・7%だった。

サッカー、水泳はともに習い事として人気の高い競技だ。「笹川スポーツ財団『4～9歳のスポーツライフに関する調査』2015」によると、男の子に最も人気の習い事は、未就学児、小学1・2年生、小学3・4年生ともに水泳だった。ちなみに同じ区分で見ると、サッカーは「4位・2位・2位」で、野球は「圏外・圏外・7位」だ。

学童野球のチームに入らず、公園や空き地で野球遊びをすることもなく、地上波でプロ野球を見ることもできない。そうして野球とのタッチポイントをなくした子どもが、ここ10年で激増している。

彼らが大人になった頃、その影響はプロ野球にどんな形で表れるだろうか。

プロ野球の課題は「見る」の創出

1990年代から社会が激変し続けるなか、当たり前のように、人々（特に子ども）と野球の関わり方も大きく変わった。

40年前の少年は誰もが気軽に野球遊びを行なっていた一方、高校まで続ける割合は5%に満たなかった。それでも野球のルールや楽しみ方を知っており、テレビで「見る」スポーツとして熱中した。そうして巨人戦のテレビ視聴率は1970年代後半から平均20%を記録し、多少の増減はあれども2000年まで同等の数字を維持している。

しかし、イチローがMLBに移籍した2001年に年間平均15・1%を記録すると、徐々に下落していく。遂には地上波から姿を消し、同時に「見る」スポーツとしての野球は日本で存在感を薄めている（視聴率はビデオリサーチ調べ、関東）。

そうした環境で生まれ、野球少年は減り続ける一方、子どもの頃に野球を選択した少年の1割が高校生になっても野球を続けている。「する」スポーツとしての野球は、いまだ一定の支持者がいると言える。

では、残り9割の高校生はどうだろうか。子どもの頃に触れなかった野球を大人になり、「見る」ようになる割合が高まるとはなかなか考えにくい。彼らが就職した後、可処分所得を有料放送中継を含めたプロ野球観戦に使う割合は減っていくはずだ。そうしてプロ野球は収入を減らすと、現在のような規模を維持するのは難しくなる。

さらに、懸念されるのは負のスパイラルだ。

野球に興味のない少年・少女が大人になって結婚・出産したとき、その子どもが野球をする確率も下がるはずだ。子どもが習い事を始めるきっかけは、友人や兄弟の誘いに加え、親（特に母親）の影響が大きい。周りの友人がサッカーやバスケットボールを楽しみ、親も野球に馴染みが薄いとすれば、子どもが野球を始めるのはよほど突発的な理由しかないだろう。

このように考えていくと、子どもの野球離れはプロ野球にとっても極めて深刻な事態だ。昔のように「する」から「見る」の流れがなくなったなか、どうやって「見る」をつくっていくのか。「する」と「見る」の両面を切り分けて考えながら、かつ相関的に分析していくことが効果的な対策を打つ第一歩だ。

現在、野球の競技人口減少を深刻に受け止め、活動している団体や人々はプロ野球、アマチュア野球、学童野球などに幅広くいる。

対して、子どもたちと「見る」野球とのタッチポイントが薄れた悪影響については、ほとんど目を向けられていないように感じる。小・中・高ともに野球を「する」子が1割は存在する一方、残り9割をどうやって「見る」層に引き込んでいくのか。巨人戦の地上波中継復活は現実的な選択肢ではないものの、例えばゲームやアニメの制作、スマホ戦略など、子どもを野球に惹きつけるためには魅力あるタッチポイントづくりが不可欠だ。

プロ野球、高校野球ともに観客動員が右肩上がりで伸び、財政的にも良好な状態な今から手を打っていかなければ、野球界には暗い未来が待っている。

第二章　消える野球少年

東北新幹線の新青森駅から在来線に乗り継いで一時間。青森県三大都市の一つ、弘前市は県内きっての野球どころとして知られている。

1980年代から1990年代前半には弘前実業高校や弘前工業高校が甲子園の常連校となり、2018年にはプロ野球のフレッシュオールスターが初めて開催された。西武の外崎修汰や同年限りで現役引退して中日の外野守備走塁コーチに就任した工藤隆人など、多くのプロ野球選手を生み出している。

そうした地元で生まれ育ち、自らは2013年に弘前学院聖愛高校を率いて初の甲子園出場に導いただけに、原田一範監督は弘前市役所文化スポーツ振興課から知らされた事実にショックを受けた。市内のスポーツ少年団に登録している小学生の野球選手が、2006年の1113人から2016年には343人まで激減していたからだ。

「衝撃的でした。原因どうこうより、単純に野球を始める人を増やすために、うちらにできることは何かなと」

弘前に限った話ではない。全国津々浦々、野球少年が消えている。

例えば福井県は、伝統的に男子は野球、女子はバレーボールをするという土地柄だ。高校野球では１９７０年代から福井商業高校が覇権を握り、近年では２０１５年に平沼翔太（現・日本ハム）を擁して県勢初のセンバツ優勝を飾った敦賀気比高校が全国に名を轟かせている。

ところが小学生の学童野球に目を移すと、２０１１年の１２７チームが２０１８年には１０８チームに減少。登録選手数の把握を始めた２０１７年は１９３１人で、翌年は１８７２人に減っていた（出典：福井県軟式野球連盟学童野球事務局）。

「5年ほど前はチーム全体の人数が10、11人くらいで、存続の危機でした」

２０１７年に「小学生の甲子園」と言われるマクドナルド・トーナメント（高円宮賜杯全日本学童軟式野球大会）に出場した鯖江野球スポーツ少年団の中嶋誠一監督はそう明かした。

「以前はサッカーに流れていて、サッカーチームには30〜40人いて、うちには14、15人しかいないこともありました。でも、今はサッカーもそんなに多くありません。子どもがチームに入りたいと言っても、『野球は送り迎えが大変』『野球はお金がかかる』と、お父さん、お母さんがひっかかることがあるみたいです」

地方のみならず、都市部でも野球少年が少なくなっている。神奈川県では2010年に2000だった学童野球のチーム数が、2017年には800まで減少した（出典：慶応高校野球部の上田誠前監督による調査）。

2007年と2016年で全国の学童野球の状況を比較すると、軟式野球のチーム数は1万4968から1万2146となり（出典：全日本軟式野球連盟）、小学生の野球人口は31万5316人から25万5332人に減少した（出典：全日本野球協会）。

部員激減の中学野球部

小学生以上に深刻なのが、中学生だ。

2007年と2016年を比べると、全国の硬式と軟式を合わせた中学生野球人口は34万8244人から23万4316人に減っている（出典：全日本野球協会、以下同）。同時期の減少幅は小学生が19％に対し、中学生は32・7％だった。

２００７年時点の小学生の野球人口は31万５３１６人で、中学生は34万８２４４人。ところが２０１６年時点では、小学生は25万５３３２人、中学生は23万４３１６人。これらの数字から推測すると、10年前は中学から野球を始める子がそれなりにいたのに対し、現在は中学入学と同時に野球をやめる子が増えたと考えられる。

なぜ、中学校に入るタイミングで野球を〝卒業〟するのか。その背景には、「野球の二極化」と、「スポーツの多様化」がある。

全国的に、甲子園やプロを目指すなど本格的に取り組みたい少年は、中学の軟式野球部より硬式野球のクラブチームを選ぶ傾向が強い。軟式野球チームに所属する中学生は２００７年の30万５３００人から２０１６年には18万５３１４人と大幅に減ったのに対し、ボーイズやリトル、シニア、ポニーといった硬式野球のクラブチームは同時期に４万２９４４人から４万９００２人と微増している。

第一章で取り上げたように、スポーツ少年団（団員の約９割が小学生）でも軟式野球は２００２年比の２０１４年の団員数が79・８％だったのに対し、野球（硬式野球）は３１１・２％と大幅に増えていた。人数（２０１４年）こそ軟式野球は13万10人、野球（硬式野球）は６３１２人と大きな差があるものの、小学生の頃から硬式で本格的にやりたい少年が増えているのである。

これを現象として捉えると、野球を「遊び」感覚でやる子どもが減っているのに対し、「野球の習い事化」が進んでいると言える。その結果、「野球の二極化」が起こっているのだ。

埼玉県所沢市で活動する泉ホワイトイーグルスは、近隣で強豪として知られる学童野球チームだ。土日と祝日は朝から夕方まで練習があり、村松末男代表は「この辺では一番練習量が多いと思う」と語る。さらに平日には、近い関係にある狭山西武ボーイズが運営する野球スクールに大半の子が通っている。

小学校卒業後のチーム選びについて、泉ホワイトイーグルスの井上貴徳事務局長はこう説明する。

「うちでは土日に練習をバリバリやっています。中学に行ったときに野球部に入り、『そんなに練習がない』となると、親からしたらちょっと物足りない。うちで『勝つ野球』をやって『もっと上を目指すならどうする?』となると、大体の子はシニアやボーイズを考えて、親御さんがそう決めるケースが多いです」

日本体育協会が2014年に実施した調査によると、競技経験のない教員に中学校の部活顧問を任せている割合は52・1％だった。〝素人顧問〟も少なくない部活動の環境を本格志向の中学生は嫌がり、硬式チームを選ぶケースが多い。ボーイズやシニアには専門性の高い指導者が多くいて、レベルアップしやすいと考えられるからだ。

同時に高校とのパイプもあるので、保護者にとっては進学まで見据えて預けやすい。月謝の相場は1万～3万円で、学習塾に通わせる感覚に近いと言える。

雑誌「野球太郎［育児］」によると、あらゆる費用を概算した年間負担額は、軟式が15万円に対し、硬式が45万８０００円。それでも子どものためになるなら投資を惜しまないという親は少なくない。

野球の二極化とスポーツの多様化

少子化が進む一方で、野球人口は減少の一途をたどっている。そんななか、上昇志向の小学生が卒業後の所属先として硬式チームを選ぶようになると、その皺寄《しわよ》せは中学校の野球部に来る。

「5年以内に、学校単位の部活動は成り立たなくなるかもしれません」

宮城県の私立秀光中等教育学校で軟式野球部の顧問を13年間務め、２０１７年12月から系列校の仙台育英高校硬式野球部を率いる須江航監督はそう危惧する。実際、全国で部員不足に喘ぐ中学野球部が続出している。

１９９８年、２０１６年と全国中学校軟式野球大会に２度の出場歴を誇る宮城県松島町立松島中学校は２０１７年秋時点で、部員は2年生が9人、1年生が2人だった。英語教師の猿橋善宏監督が赴任した約20年前は近隣に9つの学童野球チームがあったものの、統廃合して1チームに減った。その影響が町で唯一の公立中学に出ている。

所沢市立安松中学校は２０１７年秋に埼玉県大会でベスト4に進出した時点で2年生は16人だったのに対し、1年生はゼロ。同校の学区内には二つの学童野球チームがあるなか、一つは小学6年生が1人もおらず、もう一つは5人のうち4人が私立中学に進学した。残りの1人は安松中野球部に入部したが、半年も経たずにバスケットボール部に転部している。

「その子がボーイズやシニアに行っているなら、まだ心にスッと来るものがあるんですけどね」

郡司匡宏監督はそうこぼした。中学で野球をやめる子が増えている原因には「スポーツの多様化」も挙げられる。

２０１０年と２０１８年の中学校の男子部員数を見ると、軟式野球は29万１０１５人から16万６８００人と大きく減らしたのに対し、サッカーは22万１４０７人から19万６３４３人、バスケットボールは17万４４４３人から16万３１００人でともに減少、卓球は14万４２３１人から15万８４７５人と増加していた（出典：日本中学校体育連盟）。

卓球やバドミントンは日本代表選手が国際大会で活躍し、人気を高めている。しかも個人競技のため学習塾通いや家庭の都合などとのスケジュール調整がしやすく、その点も子どもたち（または保護者）に選ばれやすい要因だ。

こうして「野球の二極化」と「スポーツの多様化」が同時進行し、小学校卒業と当時に野球をやめる少年が増えた結果、部員が９人集まらない中学野球部が全国的に珍しくなくなった。近隣の中学と連合チームを組まなければ大会に出場できないケースや、休部や廃部に追い込まれる場合もある。

指導者にはびこる「後出しジャンケン」

ただし中学入学と同時に野球をやめるのは、当然、それ以前にも原因がある。

「学童の指導者は、子どもたちを野球嫌いにさせていませんか？」

前述の所沢市立安松中学の郡司監督は、部活動の指導やあり方には改善が必要と認める一方、小学校時代に野球離れの要因があるのではと疑問を呈している。

もともとサッカーの指導者になりたくて教員になった郡司監督は、小学3年生の息子が所属する学童野球チームの練習試合を初めて見に行った際、指導法に疑問を抱いた。監督はミーティングで「どんどん振っていこう」と話していたにもかかわらず、息子が高めのボール球に手を出すと、ベンチから「なんでそんなボール球を振るんだよ」と罵声を浴びせられたからだ。

日本サッカー協会のC級ライセンスを取得し、中学校だけでなく小学校での教員経験もある郡司監督は、「野球は後出しジャンケンのスポーツ」だと感じている。

「監督が『どんどん振っていこう』と言って、子どもは振っていったじゃないですか。例えば走塁でも、『今のゴーだろ?』という声をよく聞きませんか。『(しっかり進塁するために)判断をしっかりしろよ』ということです。でも、その判断をするための練習をしているのか。多くの学童野球チームの場合、していないですよね。それで子どもは自分なりの選択をした結果、その現象について指導者がダーッて言うじゃないですか。そういうのが野球を嫌いにさせていたり、なんとなく小学校のときに野球をやった後に中学校で他のスポーツに目移りしたりするという原因をつくっていませんか」
指導者がチャレンジを推奨したにもかかわらず、目の前の結果だけを見て子どもを叱る。子どもは大人の言う通りに積極的にプレーしたにもかかわらず、結果が出なかったからという理由で怒られる。そうした指導者の後出しジャンケンで萎縮したり、野球が嫌いになったと言う子どもの声は少なくない。

上記のような話は、学童野球に限ったことではない。福井県立敦賀高校野球部の小松拓斗君、橋本周児君、櫻井虎太郎君はいずれも中学生のとき、「野球が楽しくない」と感じていた。小松君は中学校の野球部、橋本君と櫻井君は硬式のボーイズでプレーし、いずれも指導者にミスを厳しく咎められたからだ。

小松君の顧問は野球歴が中学までで、「そんなに技術的なことは教えられていなかった」と振り返る。ところが試合でミスをするとすぐに交代させられるため、「おびえながらやっていて、あまり楽しくないと思いながら嫌々やっていました」。

ボーイズでプレーしていた橋本君も同様で、「ミスをしたときに結構言われたりして、ミスが怖くなったりしました」。

失敗が起こった理由を論理的に説明し、改善できるように導くのではなく、懲罰的な交代や厳しい指摘で子どもたちを萎縮させる。結果、子どもはミスを恐れて積極性が失われる。それではミスを克服することは難しい。指導者には本来、子どもたちが前向きに失敗を乗り越えていけるような教え方が求められるはずだ。

小松君は高校で野球を続けるかどうか悩んだ一方、橋本君は「苦しいことを乗り越えたら、自分が変わるだろう」と取り組み、櫻井君は「基本、野球が楽しいとは思わない」けれども「友だちと会えるから」と敦賀高校の野球部に入り、前向きかつ論理的に指導する吉長珠輝監督に出会って「野球が楽しい」と感じられるようになった。

だが残念ながら、そうした指導者に巡り会えなかった子どもたちは野球をやめていく。そうして起こる子どもの野球離れについて、小松君は胸を痛めている。

「自分が小学生の頃は、チームに同学年が18人くらいいました。でも今は、小学生相手の少年野球に行くと人数が減っていて、悲しい気持ちになります。野球を楽しくやらないと、そもそもやる意味がないと思います」

そう語る小松君の夢は、教員になることだ。

「中学のときにミスをすると代えられる経験をしたので、自分はそういうことをさせたくないと思い、（野球の指導を）変えられればいいなと思いました」

子どもたちに野球を嫌いにさせている大人たちは、小松君の言葉をどう受け止めるだろうか。

長時間練習で進む野球離れ

野球をする子どもが減っているのは、保護者にも大きな関係がある。子どもが習い事を始める際、最終決定権を持つのが母親という家庭は多い。

全日本軟式野球連盟（全軟連）は2014年頃、子どもの野球離れの理由について聞き取り調査を行った。最大の原因は「長時間練習」で、二つ目はユニフォームや道具など「金銭面の負担」、三つ目が送り迎えやお茶当番といった「親の負担」だった。いずれも保護者にのしかかってくるものだ。

一つ目の長時間練習に関して、日本スポーツ少年団は「単位団活動の目安としては、1日2~3時間程度、1週間に2、3回が無理のない活動といえるでしょう」としている。だが実際、土日は一日中練習や試合などの活動をしているチームが多い。

1週間における活動日数は、地域によって大きく差がある。埼玉県では土日や祝日だけ活動するチームが大半で、前述の鯖江野球スポーツ少年団の中嶋監督によると福井県では火、水、木、金に夕方から2時間ほど練習し、土日は9時から16時まで練習試合を含めて活動するのが一般的だという。京都府の葛野ジュニアスポーツ団、愛媛県の城東野球軍団、熊本の中島サンダースは週4日、山口県の玖珂少年野球クラブは水、金、土に練習を行う。上記の5チームとも2017年の全国大会「マクドナルド・トーナメント」に出場しており、勝つことを目標としたチームだ。そのため練習時間が長くなり、それが野球離れにつながっていると葛野ジュニアスポーツ団の八尾浩二元監督は言う。

「京都には大学も進学校もたくさんあるし、野球をする前にやっぱり勉強。社会に出るためにはそっちの方が重要と考えられ、スポーツをさせず、勉強をさせている親が多いです。僕も『勉強を頑張ってから野球』という考えで、それが野球をする子が減ってきている理由としてあるかもしれません」

週末に加えて火曜と木曜にも1時間半の練習を行う葛野ジュニアスポーツ団は文武両道を目指し、「宿題を終えてから練習に来る」というルールがある。それでも試合で勝つことを目指すと、どうしても練習量が必要になると八尾元監督は語る。

「僕も子どもに勉強させたいと思いながら、ついつい、『あの練習もさせなあかん』となってしまいます。その辺を考えないと、野球離れに歯止めがかからないと思います」

野球離れの原因に心当たりがある反面、練習量を多くせざるを得ないのがチームの実情だ。その背景には学童野球の仕組みがあると、八尾元監督は指摘する。

「京都では年間20大会以上あります。6年生は1年間に100試合くらいするんですよ。高校野球もそうですが、練習より試合が多い。土日はほぼ試合をやっている状況だから、平日に練習せざるを得ないのが実情です。高校野球を見ても大阪桐蔭は完全に寮生活で野球漬けじゃないですか。一方、(ライバルの)履正社は1日の練習が3時間。彦根東は進学校で1日2、3時間しか練習していません。そういう高校にどんどん強くなってもらって、中学や学童野球も同じような形になればいい」

大阪の私立履正社高校は文武両道を掲げ、山田哲人(ヤクルト)やT-岡田(オリックス)など一流選手をプロに送り出してきた。滋賀県立彦根東高校は偏差値70の超進学校で、2017年夏から2季連続で甲子園に出場している。いずれも限られた時間をうまく使い、選手たちは思考力を伸ばしている。

そうした模範的とされる高校もあるが、全体的に野球部は他競技と比べて練習時間が長く、活動日数が多い。「笹川スポーツ財団『12~21歳のスポーツライフに関する調査』2017」によると、高校生の1週間の平均活動日数は5・73日(上位種目のバドミントントン、バスケットボール、バレーボール、サッカー部の平均）なのに対し、野球部は6・57日。特に休日の活動時間は上位種目の3・74時間に比べ、野球部は7・7時間と倍以上だ。

中学生も同様で、上位種目（ソフトテニス、バスケットボール、サッカー、バレーボール、卓球）の平均活動日数は5・63日で、野球は6・1日。休日の活動時間は上位種目が3・65時間で、野球は5・71時間だった。

「野球は覚えることがたくさんあるから、練習時間が長くならざるを得ない」という声を指導者からよく聞くが、こうした考え方が小学生にも適用されて、子どもの頃から長時間練習が行われている。

さらに八尾元監督の言う「学童野球はとにかく試合数が多すぎる」という問題は、何人もの関係者が指摘している。野球に多くの時間をとられるばかりか、発育過程の選手に過度の負担が加わり故障やケガが発生しやすくなるという懸念材料にもなっている。

この裏には学童野球の根深い構造問題がある。これは第四章で詳述する。

金銭的負担、共働き&ひとり親の増加

学童野球には「金銭面の負担」と、送り迎えやお茶当番といった「親の負担」が大きい。たとえ子どもが野球チームに入りたくても、保護者にのしかかるお金と時間の負担から認められないケースも珍しくない。

福井県の敦賀市中心部に店舗を構えるスポーツコバヤシの代表取締役、小林利一さんが運動用品店の立場から語る。

「野球は絶対的にお金がかかります。ランニングならシューズだけでいいけど、野球はグローブ、バット、ユニフォーム、スパイクと用具がいっぱいなので。お金がかかるというのが親にとっても負担になります」

野球は前提としてお金がかかることに加え、昨今、負担に拍車がかかっている。用具の進化とともに、価格が上がっているのだ。小林さんが続ける。

「硬式のバットは2万5000円とか2万7000円くらいですが、軟式のバットは高くなって3万円くらいします。それがビヨンドマックスという、機能的に飛ぶバット。硬式は金属で硬いバットだけど、軟式はバットの真ん中を柔らかくして飛ぶようにしています。硬いバットを鋭く振るとボールがへこむので、かえって飛ばない。だからバットに当たるところを柔らかくしています。いわゆる普通の金属バットと違い、一部だけ柔らかくなるようにつくるので、値段が高くなっています」

そうした野球側の事情がある一方、子どもを支える保護者の状況も変化している。

国税庁の統計調査によると、民間企業で働く日本人の年間平均給与は1997年には467万3000円だったが、以降減少傾向となり、2009年には406万円まで下がった。2017年には432万2000円まで戻したものの、90年代後半と比べると月収が2万円以上少ない計算になる。

各家庭の財政面に加え、1980年代中盤から共働き世帯が増加した。1980年時点では専業主婦世帯が1114万世帯、共働き世帯が614万世帯だったが、後者は右肩上がりに増え、1992年には専業主婦世帯が903万世帯、共働き世帯が914万世帯と逆転する。2017年には専業主婦世帯が641万世帯、共働き世帯が1188万世帯と、1980年代とは真逆になっていた（出典：独立行政法人労働政策研究・研修機構）。

同時に増えているのが、ひとり親世帯だ。厚生労働省が2015年に発表した「ひとり親家庭等の現状について」によると、1988年度から2011年度にかけて母子世帯は84・9万世帯から123・8万世帯と1・5倍になり、父子世帯は17・3万世帯から22・3万世帯と1・3倍に増えた。

それぞれの平均年収は、母子世帯が181万円、父子世帯が360万円。一般世帯の場合は女性が269万円、男性が507万円と大きな差が生じている。

伝統的にプロ野球では金田正一（元巨人）、野村克也（元南海）、江夏豊（元阪神）ら、苦しい生活環境を変えようと努力して名選手になった者がたくさんいた。現在では秋山翔吾（西武）や甲斐拓也（ソフトバンク）など、ひとり親に育ててもらった感謝を胸にレギュラーに登り詰めた選手も多くいる。ハングリー精神が、トップを目指すうえで大きな原動力になるのは事実だ。

ただし、ひとり親世帯にとって子どもに野球をさせるのは、金銭的な負担が極めて大きい。

お茶当番が悩みのタネ

金銭面に加え、時間の負担も保護者にとってハードルになる。

神奈川県横浜市に住む荒井久美子さんは、小学2年生の息子がラグビーをしているが、学校の体力測定でソフトボール投げをうまくできないことを知り、野球をやらせたいと考えた。しかし、「母親がお茶当番に行かないといけない」とママ友に聞いたことがネックになった。荒井さんは平日キャリアウーマンとして働いており、せっかくの週末の時間をお茶当番などでとられたくない。結局、息子を野球チームに入れることをあきらめた。

こうした事情で息子に野球をやらせないという話は、全国に無数にある。

実際のところ、お茶当番の頻度や有無はチームによって差がある。月に1回か2カ月に1回程度の場合が多く、最近ではお茶当番を廃止したチームも増えている。

「お茶当番をなくしたら、選手が5人くらい入ってきました」

そう語るのは、埼玉県所沢市で活動する西富ファイターズの新井貴久コーチだ。同チームでは10年ほど前から選手が集まらなくなり、2017年からお茶当番をなくすと15人まで増えた。それでも6年生の試合に3年生を起用しないとチームは大会に出場できないが、状況は大きく改善されたという。

「お茶当番があると、入れたがらない親は多いですね。世の中の流れで、お金でなんとかする親が多くなっているじゃないですか。塾もそういうことかもしれません。それは仕方がないと思います。共働き世帯も多いですからね。それだったらお茶当番をなくして、親には来られるときだけでいいから見にきてもらったり、子どもに差し入れを持ってきてもらったりするようにしました」

そもそも子どもには水筒を持たせ、コーチは自分たちで飲み物を用意すればいいはずだ。なぜ、学童野球チームにお茶当番は存在するのだろうか。

「子どもに何かあったときのためです。でも、それもチームスタッフがいるから対応できますよね。チームの考え方だけだと思います」

新井コーチはそう語る一方、異なる考え方のチームもある。そうした違いが生まれるのは、学童野球の位置付けがそれぞれ異なるからだろう。

保護者にとって学童野球は塾やスイミングスクールなどと同様に「習い事」と考えられやすい一方、コーチたちは基本的にボランティアで教えており、教育ビジネスである塾やスイミングスクールとはそもそもあり方が異なっている。前述した泉ホワイトイーグルスの井上事務局長がこう説明する。

「少年野球の成り立ちは基本的に自治会単位です。そのため昔はここの泉小学校のグラウンドを使うのが6チームくらいあり、それぞれ2時間くらいしか使えませんでした。それがどんどん各チームの人数が少なくなり、全部まとまっちゃおうということで二十数年前に泉ホワイトイーグルスができました。学童野球のチームは基本的に、自分たちの地域に住む子どもたちを育成するために自治会が力を入れてやろうというのが成り立ちです。今も自治会から年間3万円くらい補助金をいただいています。他でもそういうチームはあると思います」

泉ホワイトイーグルスでお茶当番に来ていた母親たちに聞くと、「習い事というよりコミュニティ活動に近い」「習い事の感覚で来られると、ちょっと違う。親も参加型の感じ」と話していた。

お茶当番が回ってくるのは月に1回程度だが、「それ以外でも、試合になるとみんなほぼほぼ来ている」。お茶当番の日は朝から練習に来て、「途中で抜けてもいいけど、なるべく一日グラウンドにいてくださいねという当番」だという。

ちなみに話を聞いた二人の母親のうち、一人の息子は入団前に「サッカーをやりたい」と話していた。だが母親がサッカーをよくわからないため、「どうせやらせるなら自分でわかって楽しめる方がいいということで、無理やりこっちに入れた感じです」。

子どもがどのスポーツを始めるかという出発点において、やはり母親の影響は大きい。

学童野球のママコミュニティ

学童野球のチームを「地域コミュニティ」と捉えるなら、母親も一緒になって取り組むのは普通のことと言えるだろう。

だが実際、そうした環境が入団前のハードルだったと前述の母親は明かしている。

「息子が小学2年生の秋くらいから誘ってもらっていて、その時点で下の子がまだ幼稚園児でした。当番も含めて自分の中で決断ができなかったですね。どこまでやれるのかという不安と、お母さん同士のコミュニティが出来上がっている感があってうまく入っていけるのかなと。半年悩んだ末に入れることに決めました。体験参加に行って、息子にやらせてみて、対応してくれたお母さん方の空気感が嫌じゃなかったです」

泉ホワイトイーグルスでは、お茶当番や移動の際の車の手配、お金の管理などのチーム運営を母親たちが担当する。各学年に7、8人ほどいるため、学年ごとに担当役員を置き、一人に負担が集中しないようにしている。低学年の母親は家族ですごす時間を多くとれるように配慮され、お茶当番は免除だ。

子どもたちが野球にのめり込んでいくのと同様、母親たちもチームで時間をすごすにつれ、自身の活動や仲間との時間が大切に感じられてくるという。

「みんな暇なわけではないんですけど、気づくと週末はグラウンドにいるという感じになっています。お弁当を持って、一日中いるお母さんもいますね。ここのチームには今、5校の小学校から選手が集まっています。子どもたちにとって、普段学校で会わない仲間たちとのコミュニティです。お母さんたちも、住んでいるのは近所と言っても子どもが通う学校は違うから、学校とは別のコミュニティとしてこのチームが存在しています。情報交換を含めて、互いにいい場所になっていると思いますね。連帯感的なものはあるような気がします」

二人の母親は専業主婦とパートで、普段の生活では地元に根ざした時間が多い。コミュニティでできた友人、知人は大切な仲間になる。

「みんな親子で野球が好きなので、雨で練習がお休みになるとやることがありません(笑)。メットライフドームやバッティングセンターで会うことがしょっちゅうです」

ママコミュニティに溶け込めるかと不安を抱えて息子をチームに入れた母親は、いざ活動を始めてみると、素晴らしい仲間に出会えた。学童野球のコミュニティとして幸福な形と言えるだろう。

だが、必ずしもそうならない場合もある。

山口県の玖珂少年野球クラブは2007年には90人の選手がいたが、2012年は50人、2017年は35人に減少した。その理由について、福田邦夫監督はこう語る。

「お母さんの野球離れと、チームでの活動や人付き合いを好まないお母さんの存在だと思います。今の30代のお母さんは、グループに入るのが好きではないのかもしれません。お母さんのつながりで『あそこが入っているなら、うちも入ろう』と子どもを入れることもあれば、逆に『あそこが入っているので、うちは入らんでおこう』ということもあります」

泉ホワイトイーグルスのある埼玉県所沢市が人口34万人なのに対し、玖珂少年野球クラブのある山口県玖珂町は人口1万人。街の規模が大きく異なれば、学童野球を取り巻く環境もかなり違う。決定的な違いとして挙げられるのが、学童野球のチームに入る際、実質的にチームを選べる地域と、そうではない地域があることだ。

埼玉県所沢市では伝統的に、「この地区に住む子はこのチーム」「この小学校に通う子は、そこを本拠地として活動するチームに入る」というケースが多かったが、泉ホワイトイーグルスの井上事務局長によると、近年はチームの特色によって入団先を選ぶ選手が増えているという。

対して、山口県玖珂町近辺はそうではない。父親の仕事の関係で山口県岩国市に引っ越した少年は、地元に軟式野球のチームがないため、車で40分ほどのところから玖珂町まで通っているという。

このように地方では、実質的にチームを選ぶことが不可能なところも少なくない。そうした環境で理不尽な指導者が幅を利かせていたり、母親たちの人間関係が複雑だったりすると、子どもが野球から遠ざかるのは自然の流れと言える。

人気の習い事は水泳、サッカー

学童野球チームを「地域コミュニティ」と捉えるか、「習い事」と考えるかで、母親のスタンスや関与の度合いは大きく変わってくる。

一方、社会的には習い事の低年齢化が進んでいる。2歳から小学生を対象に、新潟県で運動神経・能力の向上を目的としたスポーツ・体操教室のオールアルビレックス・スポーツクラブを運営する菅野文宣代表理事が説明する。

「子どもの習い事はどんどん若年化しています。例えば小学生を中心に運動指導しているところは、新たなマーケットを求めて高齢者をターゲットにするようになりました。

現在は高齢者だけでなく、未就学児もターゲットになっています。子どもの取り合いはかなり激しくなってきた印象ですね」

ベネッセ教育総合研究所が2015年に実施した「第5回幼児の生活アンケート」によると、1歳6カ月から6歳11カ月の幼児が習い事をしている割合は2000年時点で49・4％。2005年には57・5％まで上昇し、以降は下がり2015年は48・6％だった。2015年の傾向としては、3歳までの低年齢で習い事をしているのは29・8％と比率が低い一方、4歳からの高年齢で習い事をしている比率は47・9％に高まることだと報告されている。

男の子たちにどの習い事が人気なのかは、「笹川スポーツ財団『4～9歳のスポーツライフに関する調査』2015」を見るとわかる。

未就学児の1位から5位は「水泳、体操、ピアノ、サッカー、英会話」で、小学1・2年生は「水泳、サッカー、ピアノ、学習塾、体操」、小学3・4年生は「水泳、サッカー、学習塾、英会話、習字」だった。以上を並べてみると、低年齢のときに始めた習い事をそのまま継続する傾向が見えてくる。

野球は未就学児、小学1・2年生では10位圏外で、小学3・4年生では7位だった。

サッカーのようにボールを蹴りながらみんなで走り回って遊べるわけではなく、動いているボールをバットで打つのは難度が高い。さらに、前述の泉ホワイトイーグルスが近隣の幼稚園や保育園にカラーバットとボールを持って野球で遊んでほしいと話に行くと、「バットを振り回すのは危ない」と言われたという。競技的な難度、そして安全面から、未就学児や小学校低学年に野球は選ばれにくいのが現実だ。

また、日本サッカー協会がトヨタ自動車とパートナーシップを組んで全国の未就学児に対して巡回指導を行なっているのに対し、野球界は構造的にそうした取り組みをしづらい。元侍ジャパンの加藤氏がこう指摘する。

「昔は小学生からスポーツを始めたと思いますけど、今はその下に未就学児という市場ができました。一方、野球界は小学校、中学、高校、大学と年齢層別に統括組織があり、対象外の未就学児には誰もアプローチできていない。野球人口減少には、そういった構造的な問題もあると思います」

西武やDeNAのように未就学児を対象にした活動を行なっている球団もあるが、プロ野球は基本的に本拠地のあるフランチャイズ地域で活動している。カバーできるのは全国47の都道府県のうち11だ。加えて言えば、営利企業にとって収益の上がらない活動をするのはどうしても限界がある。

以上のような現実を踏まえたうえで、野球界は人口減少を食い止めようとするなら、未就学児や低学年にアプローチしていくことが求められる。世の中の流れとして習い事の低年齢化が進み、子どものときに始めた競技を続ける傾向にあるからだ。

需要と供給で成り立つ野球スクール

スポーツの習い事化が進むのは、低年齢の子どもたちだけではない。

第一章でも触れたＪＢＳ武蔵の下広志代表によると、小学生や中学生を対象とした野球スクールや野球塾が２０００年頃から全国で増えていった。元プロ野球選手や高校球児が行うもの、個人で運営されるものからグループ化されたものなど様々あり、下代表によると「増えすぎて数を把握し切れないほど」だ。

習志野高校時代に千葉大会決勝まで勝ち進んだことがある下代表は、スポーツスクール運営会社から独立してＪＢＳ武蔵を立ち上げた。小１から中３まで１００人ほどの生徒がいて、月謝は月４回で７３４０円、５回は９１８０円。東京や埼玉のバッティングセンターで打撃指導を行い、キャンセル待ちが出るほど盛況だ。

それほど需要が大きいのは、学童野球や中学校での指導が満足されていないことの裏返しだと下代表は指摘する。

「指導者に『しっかり振っていけ』と言われ、空振り三振したら怒られるなどチグハグな教え方が多いです。『こういう状況だから、こう直そう』『こういう体の仕組みだから、こうしよう』と論理的な指導をされないことが多く、子どもたちから『どうすればいいのかわからない』という悩みも大きく聞きます。罵声を浴びせられて萎縮したり、真夏に200球投げさせられた子どもが泣いてきたりしたこともあります」

自治会など地元コミュニティを基盤とする学童野球はボランティアに支えられるのに対し、需要と供給の関係で成り立つのが野球スクールだ。スポーツのあり方や価値が見直される昨今、下代表は新しいコミュニティの形を意識している。

「少年野球の指導者は勝つことにしか意味を見いだせないため、厳しく接してしまうのだと思います。でも、競技をやめたら技術は残りません。スポーツをして残るのは、何かに挑戦したとか、努力とか、グリット（やり抜く力）みたいな能力だと思います。成長に向かってフォーカスしていくようにすれば、少年野球のコミュニティはうまく回るのではないでしょうか。うちのスクールではそう意識し、お客様にも評価していただいています」

公園でボール遊びができない

習い事として野球に取り組む子が一定数いるのに対し、遊びとして野球をやる子は減っている。ポータブルゲームなど子どもたちにとって魅力的な遊びが増えた一方、そもそも野球をして遊べる場所が限られているのだ。

現在は全国的にボール遊びをできない公園がほとんどで、人口62万人の千葉県船橋市でも「人の迷惑になることをやめよう」と、原則として公園内でのボール遊びがいつしか禁止された。同市の夏見台近隣公園は敷地面積1万3000平方メートル、もともと「野球をできる場所」という目的でつくられたが、近所の住民から「うるさい」「ボールが飛んでくる」という苦情が来て、一時的にボール遊びができなくなった。2002年に改修工事をしてネットを高くし、「(住宅の密集する)西側ではボールを使わない」という条件を設けて以降、「柔らかいボール」に限って許可されている。

「西側にはポールを置いて、子どもたちには『その手前でやりなさい』と言っていますけど、正直心苦しいです。好きなところで遊ばせてあげたいんだけどね」

公益財団法人船橋市生きがい福祉事業団に登録し、公園で「見守り役」を務める佐々木博さんはそう語る。船橋に40年以上住み、80歳を超えた現在、子どもたちが少しでも自由に遊べるように活動している。

「ネットを越えて近くのマンションにサッカーボールが飛んでいき、学校に苦情が行ったこともあります。そういうことが尾を引いて、市内の公園でボール遊びができなくなりました」

船橋にはサッカー部や野球部が有名な市立船橋高校や、Bリーグの千葉ジェッツふなばしが本拠を構えるなどスポーツの盛んな土地柄だ。そうした特色を持つ街は２０１６年、「船橋市ボール遊びのできる公園検討委員会」を設置した。きっかけは地元中学生の要望だった。

試行事業が行われた２０１７年9月27日に夏見台近隣公園を訪れると、野球やサッカーをして遊ぶ10人ほどの小学生と、いわゆる草野球のようにバッティング練習を楽しむ4人の中学生がいた。そのうちの一人は中学で管弦楽部に所属し、部活が休みのときに月に1度、自転車で30分かけてこの公園まで野球をしに来ている。坊主にするのが嫌で野球部には入らなかったものの、テレビや球場でプロ野球を楽しみ、自分でも遊び感覚で野球を続けたいという。

「今の子どもたちはほとんど表で遊んでいないから、こうやって仲間同士で遊んでくれるのはうれしいよね」

子どもたちを見守っていた佐々木さんは、笑顔でそう話した。

公園やグラウンドというハードなくしてスポーツは始まらない。どうすれば、船橋のように子どもたちがボール遊びをできる環境を増やしていけるのか。野球やサッカーはもちろん、あらゆる競技にとって喫緊の課題だ。

塾にはない遊びの価値

国家の方針として、スポーツ庁は国民に運動をするように促している。全国に無数にある公園は、その活動場所として最もふさわしいはずだ。だが、自治体としては地元住民から苦情が来た場合、対応しないと職務放棄になってしまう。そうして日本全国の公園でボール遊びができにくくなったが、子どもにとって望ましい環境でないのは明らかだ。

では、どうすれば現在よりいい環境をつくっていけるのか。スポーツ庁地域振興担当の曽根直幸参事官補佐はこう語る。

「我々も船橋市さんと問題意識は一緒です。苦情が来るたびにやれることを狭めていったら、何もできない公園になってしまいます。結局、誰も使わなくなってしまったということが、極端に言うとありました。そうはなってほしくありません。ただ、『なんでもしていいよ』としたら、近隣から苦情が来てボール遊びが禁止されて、と同じことの繰り返しになってしまう。まずは、みんなで考える仕組みをつくることですね」

クレームを入れた者が勝つという社会の仕組みは、民主主義にとって望ましくない。みんなで話し合い、解決を探るのが理想的だ。

あるいは、自らの行動で現状を変えようとする者たちもいる。

２０１８年12月9日、東京都西東京市にある早稲田大学安部球場で、学童野球チームに所属していない１６３人の小学生を集めて「野球遊び」のイベントが行われた。「ＢＡＳＥＢＡＬＬ ＧＡＴＥ」によると、お茶当番や厳しい練習が理由で野球チームに入るのは躊躇しているものの、野球に興味のある子どもや親がたくさんやって来て、手打ち野球やミニゲームを楽しんだという。

東京農業大学応用生物科学部の勝亦陽一准教授が行ったアンケートで「野球をする場

所がない」と回答した子どもが約85％に達し、それがこのイベントを開催する理由の一つになった。早稲田大学野球部のＯＢで、同志たちとともにイベントを運営した日本ハムの大渕スカウト部長は、同サイトの記事（２０１８年12月21日）でこう話している。

「チームに入る・入らない以前に、遊んで楽しむ空間が無くなったんです。スポーツが単純にやる・やらないではなく、〝よし、行くか〟という勇気が必要な習い事の一つになってしまっている」

教育の低年齢化が進むなか、習い事化されたスポーツも同じようになるのは自然の流れと言えるだろう。保護者が子どもにスポーツをさせる動機として「社会や仲間への適応」「人間的成長」を求める声は多く、それらは教育の目的とも合致するところだ。

ただし、ラテン語で「気晴らし」という語源を持つスポーツには、遊びとしての価値もある。楽しいからこそ夢中になり、今よりもっとうまくなりたいと前向きに取り組むことで、子どもたちは様々な力を養っていく。

一般社団法人日本公園施設業協会は遊びの大切さについて、公式ホームページでこう説明している。

「公園で遊具などによる遊びで養われるのは、運動能力だけではありません。『ここから飛び降りたらどうなるんだろう?』というような体験をすることで危機回避能力が培われ、他の子どもたちと遊ぶことによりコミュニケーション能力を伸ばすことができます。これらを協会では『遊びの価値』と呼び、遊びはすべての子どもの成長にとって必要不可欠なものだと考えています」

数十年前までスポーツは、子どもたちにとって純粋な遊びだった。そこに大人の持ち込んだ勝利至上主義や習い事化が絡み、さらに大人の事情で遊ぶ場所がなくなった結果、スポーツは遊びの要素が薄まり、遊び心が剝がされていった。そうして、かつて遊びの王道だった野球から子どもたちは離れている。

野球が遊びとして存在しにくくなり、同時に習い事化が進んだ結果、現象として起こっているのが「野球の二極化」だ。学校の勉強と同じように、人生を切り開く手段として野球を追究する者がいる一方、以前のように軽い気持ちでは楽しみにくくなっている。結果、コア層とライト層のギャップが極端に広がり、中間層が存在しにくくなった。その一例が中学野球部の苦境だ。

中間層がいなくなると、その業界には多様性がなくなっていく。そうなったときに起こるのは、競技のマイナー化だ。大衆を巻き込む力が弱いと、一部の熱狂のなかでしか生き残れなくなる。

そうしたことがすでに起こりつつあるのが、高校野球だ。人気や観客動員は右肩上がりで伸びている一方、着実に二極化が進んでいる。

第三章　二極化する高校野球の行く末

東海道新幹線を米原駅で下車し、特急しらさぎで北上して敦賀駅をすぎてから数分後、東京ではなかなか耳にしない車内アナウンスが流れてきた。

「まもなくすると北陸トンネルに入ります。8分ほど、携帯電話や通信機器がつながりにくくなります」

福井県敦賀市と同県南条郡南越前町をつなぐ北陸トンネルは1962年の開通当時、日本で最長のトンネルだった。この交通路が新設されたことで、同県の高校野球の勢力図は塗り替えられたと言っても過言ではない。開通以前は嶺南（福井県南部の若狭湾沿岸の地域）の敦賀高校と若狭高校を中心に甲子園への切符は争われていたが、交通の便が良くなって以降、嶺北の高校も力を伸ばしていく。

特急が北陸トンネルを抜けて15分ほどすると、福井駅に到着した。高校野球ファンのなかには「福井」と聞いて、真っ先に福井商業野球部を思い浮かべる人も多いのではないだろうか。

「福井県は全国に知られていない県でしたでしょ？　石川県と一緒のように言われて。でも東尋坊は知っているとか、それに次ぐくらいで福井商業を知っておられるような感じに、おかげさんでなっていきました」

そう話したのは、2010年まで福井県立福井商業高校野球部を率いていた北野尚文前監督だ。同校野球部の栄光は、この指揮官が歩んだ軌跡と一致している。

北野前監督は龍谷大学卒業後の1968年に商業科教諭として赴任し、42年間チームを率いた。1971年のセンバツで福井商業を初の全国大会に導くと、春夏通算36度の甲子園出場を果たしている。猛練習で選手たちを鍛え上げ、1986年夏から8季連続で甲子園出場を果たすなど福井県で一時代を築いた。

64歳で勇退し、2019年1月13日に誕生日を迎えて73歳。名将と言われた男がチームを去って9年、福井商業には大きな変化が訪れている。

「ここ5年ほど勝てなくなりました。私が退任して直後の3年間は勝てたんです。それから後は勝てていない。今の野球部は福井商業のシンボル的なものではなくなりつつあるので、弱ったなと思うんです。むしろジェッツですからね、『チア☆ダン』の。映画にもなってテレビでもやっています。チアリーダーが頑張っています。野球も早く甲子園に行かないと、と思って頑張っているんでしょうけど」

現在の若い世代が福井商業と聞いて、まず脳裏に浮かべるのは『チア☆ダン』だろう。2017年に公開された映画では広瀬すずが主演し、翌年のテレビ版では土屋太鳳がメインキャストを演じた。2009年に全米チアダンス選手権で優勝した福井商業チアリーダー部の実話が映画化され、同部の「JETS（ジェッツ）」というチーム名は近年のチアダンス人気とともに広く知れ渡った。

かたや野球の世界では、勝てなくなった福井商業を尻目に新たなチームが福井から全国に名を轟かせている。内海哲也（西武）や吉田正尚（オリックス）、西川龍馬（広島）らの出身校である私立敦賀気比高校だ。1986年に野球部が創部され、2015年春に北陸勢で初の全国制覇を果たした。2014年からの5年間で春夏合わせて甲子園に5度出場するなど、高校野球では福井県の顔になりつつある。

甲子園を独占する強豪私学

福井県の敦賀気比のように、全国にはその地を代表する強豪高校が存在する。大阪府の大阪桐蔭や履正社、神奈川県の横浜や東海大学付属相模、東京都の早稲田実業や日本大学第三（日大三高）などだ。そうした横綱や大関が力を示す一方、関脇、小結クラスも奮闘して群雄割拠になるからこそ、高校野球ファンは白熱した争いに夢中になるのがかつての構図だった。

だが近年、全国的に甲子園代表校の顔ぶれが固定化されている。栃木県では作新学院が8年連続、福島県では聖光学院が12年連続で２０１８年夏の甲子園に出場した。埼玉県では花咲徳栄が４年連続、千葉県では木更津総合、神奈川県では横浜がいずれも３年連続で全国の舞台に駒を進めている（２０１８年は１００回記念大会のため、埼玉、千葉、神奈川ともに２校が出場）。

２０１４年から２０１８年までの５年間の夏の代表校を見ると、多くの県で代表校が固定化されていた。

徳島県では鳴門、高知県では明徳義塾がともに４度出場（明徳義塾は２０１０年から２０１７年まで8年連続出場）。南北海道では北海、青森県では八戸学院光星、宮城県では仙台育英、福井県では敦賀気比、富山県では高岡商業、石川県では星稜、長野県では佐久長聖、岐阜県では大垣日大、滋賀県では近江、大阪府では大阪桐蔭、福岡県では九州国際大学付属、宮崎県では日南学園、沖縄県では興南がいずれも3度出場した。

二つの高校が3度と2度で出場権を独占したのは、岩手県の盛岡大学附属と花巻東、群馬県の前橋育英と高崎健康福祉大学高崎（健大高崎）、東東京の二松学舎大学附属と関東第一、山梨県の山梨学院と東海大学付属甲府、新潟県の中越と日本文理、和歌山県の智弁和歌山と市立和歌山、広島県の広陵と広島新庄と7地区あった（神奈川県は出場枠の関係で横浜が3度、東海大相模が2度、慶応が1度出場）。また静岡県では常葉菊川と静岡、愛知県では中京大学附属中京と東邦、奈良県では智弁学園と天理、大分では大分と明豊がそれぞれ2度出場している。

高岡商業と静岡、鳴門、市立和歌山を除き、すべて私学だ。2018年夏は私立の48校が全国の舞台に駒を進めたのに対し、公立はわずか8校。私学の圧倒的優位となっている。

復活した高校野球人気

夏の甲子園に私学が占める割合は、1957年時点では21%にすぎなかった。それが

１９８７年には49％と半分になり、１９９７年には59％、２００７年には73％、そして２０１７年には80％に達している。

そのなかには中京大中京や龍谷大学付属平安のような「古豪」もある一方、歴史が比較的新しい野球部も少なくない。創部年を見ると、明徳義塾は１９７６年、盛岡大学附属は１９８０年、常葉菊川は１９８３年、敦賀気比は１９８６年、大阪桐蔭は１９８８年で、「機動破壊」の健大高崎と２００４年春のセンバツを制した済美（愛媛県）はともに２００２年に産声を上げた。全国から優秀な選手を集め、チームを強化して甲子園に出場し、名前を売った学校も多くある。

こうした新興私学の台頭と、スター選手の誕生は甲子園人気に大きく影響した。人気が絶頂に達したのは２０１８年に開催された１００回記念大会だ。根尾昂（中日）や藤原恭大（ロッテ）を擁する大阪桐蔭が2度目の春夏連覇を成し遂げたなか、大会入場者数は史上初の１００万人を突破（１０１万５０００人）。東北楽天ゴールデンイーグルスが球界参入した２００５年、観客動員は97万７１０４人だったことを考えると、高校野球人気のすごさがわかる。チケット価格も試合数も開催期間もまるで異なるものの、高校野球はわずか16日間の開催でプロ球団の年間動員数を上回っているのだ。

さかのぼること60年前、1959年の第41回大会の入場数は29万1700人だった。そこから徐々に観客が増えていき、1978年に初めて全国各都道府県代表の49校で開催された第60回大会では80万人を突破する（80万3000人）。後に高校野球史に燦然と輝くPL学園が、初優勝したのがこの年だった。

沖縄水産が同県勢初優勝にあと一歩届かず、エースの南竜次（元日本ハム）に牽引された天理が制した1990年の第72回大会では92万9000人で入場者数新記録を更新した。大阪桐蔭が創部4年目の初出場で初優勝を飾った翌年は、有料人員数新記録の90万人が甲子園を訪れている。

そこから減少傾向となり、1997年には68万6000人に減ったが、横浜の松坂大輔（中日）が決勝でノーヒットノーランを達成した1998年には89万5000人と一気に盛り返す。再び客足は少しずつ遠のいたものの、早稲田実業の斎藤佑樹（日本ハム）と駒澤大学附属苫小牧の田中将大（ニューヨーク・ヤンキース）が決勝再試合で投げ合った2006年には85万2000人が訪れている。以降も甲子園人気は続き、100回大会ではついに100万人の大台に到達した。

2003年から甲子園で取材を続けるスポーツジャーナリストの氏原英明氏は、人気の背景をこう分析する。

「1990年までは関西の高校が勝ち進んだときに入場者数が伸びています。そこから1995年、2006年、髙橋光成（西武）を擁する前橋育英が初出場初優勝を達成した2013年と、関東勢が優勝したときも多くのファンが訪れました。また2011年以降、優勝したのはいずれも大阪桐蔭か関東の高校です」

2011年以降、甲子園で優勝したのは日大三高、大阪桐蔭（2012年、2014年、2018年）、前橋育英、東海大相模、作新学院、花咲徳栄と、いずれも強豪私学だった。対して公立高校の優勝は2007年の佐賀北が最後で、トーナメントの上に行けば行くほど二極化の傾向が強まっている。

「〝プロ部活〟のための夏の甲子園――ますます空洞化する『教育の一環』」

ライターの松谷創一郎氏は、ヤフー個人の上記タイトル記事（2017年8月6日）で私学の圧倒的優位が年々進んでいることを指摘し、「このまま行けば、10年以内に公立の出場校がゼロになる日も来るかもしれない」と危惧した。

実際、「高校野球がプロ野球予備軍になっている」という関係者の指摘は少なくない。強豪私学の選手たちが恵まれた施設で腕を磨き、チームや試合のレベルが上がり、熱心なファンが各地の球場に足繁く通う。そうして高校野球人気は押し上げられている。

マスコミ報道は過熱するばかりだ。まだ10代の高校生をスター化させ、自分たちの発行部数やPV増のために利用する。清宮幸太郎（日本ハム）や根尾昂は高校入学前から「スーパー中学生」と取り上げられていたほどだった。

メディアに高校球児たちが祭り上げられる様は、人気アイドルと同じような構造に見える。後者はビジネスとして行われているのに対し、前者はあくまで「教育の一環」だ。しかし強豪高校のブランド化が進み、ドラフト候補に我先に唾を付けようとアマチュア野球ファンは熱狂する。

近年の甲子園人気は、大人の思惑でつくり上げられたところも大きい。

部員減少に苦しむ地方の公立校

高校野球の二極化、そして強豪私学の甲子園独占には大きな弊害もある。

2019年1月に開催された「ぐんま野球フェスタ」で指導者向けの講演会に登壇した日本ハムの大渕スカウト部長は、出身地である新潟県のデータを示して二極化の進行を明らかにした。

人口減少（量）だけでない、二極化現象（質）

チーム単位部員数の推移（新潟県高野連）

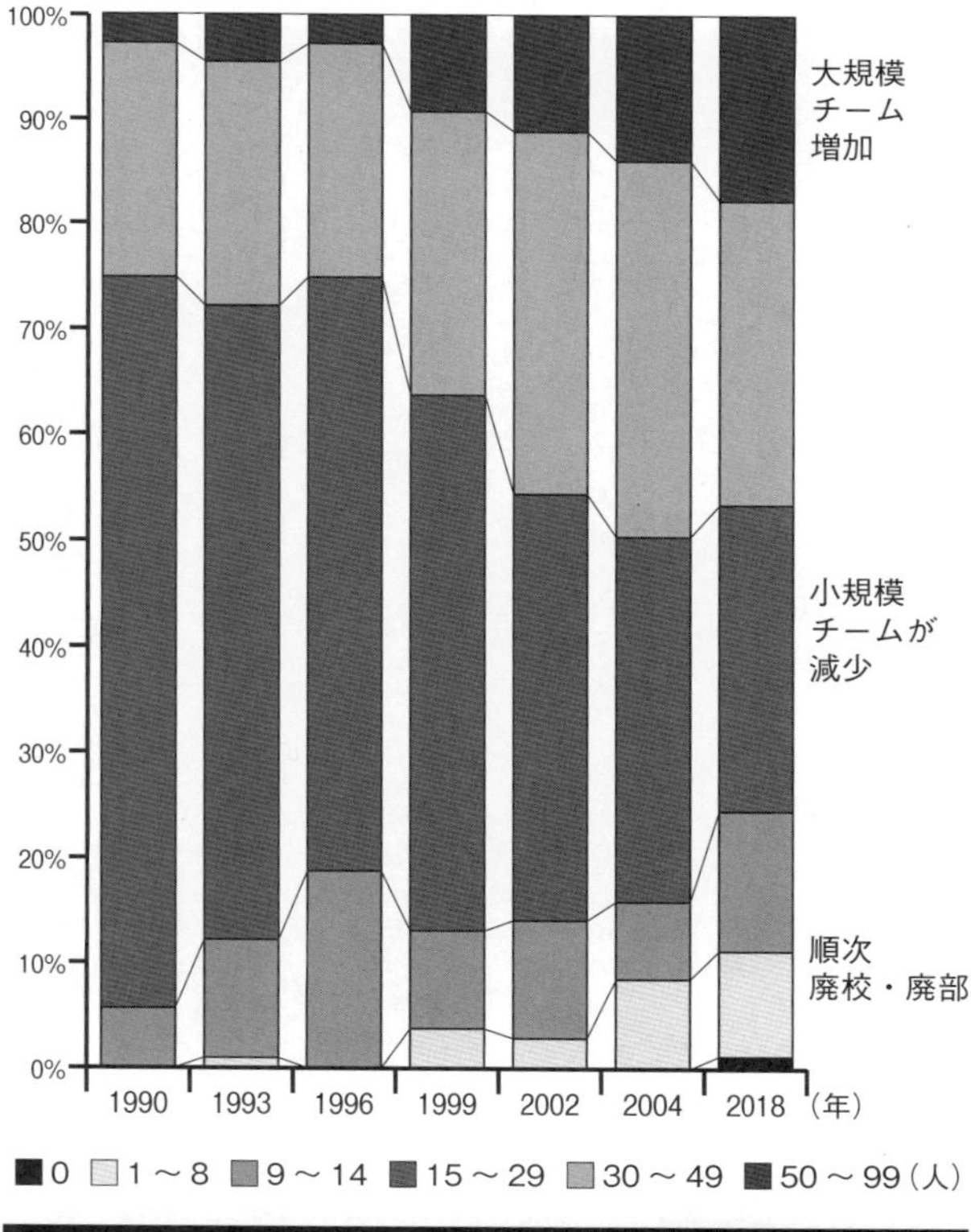

多人数・少人数チームの二極化が進み、チーム力の差が広がる一方。

出典：北海道日本ハムファイターズ・大渕隆スカウト部長作成の資料

前頁の図が示すように、部員50人以上の「多人数チーム」と、部員が9人に満たない「少人数チーム」がここ30年で同時に増加。「多人数チーム」は1990年には3つの高校だけだったが、2018年には16校に増えた。同時期の「少人数チーム」は0から10校となっている。

目立つのが、部員15~29人の「小規模チーム」の減少だ。1990年には74校あったものの、2018年には26校に減った。こうした人数の少ないチームは強豪になかなか勝てず、野球がつまらなく感じて部員がやめていっている可能性を大渕スカウト部長は指摘している。

先述したように現在、日本では男子高校生の1割が野球部に所属し、40年前と比べて占有率は増えている。福井県の近年の例を見ると、2006年の硬式野球部員は1247人で、2016年には1490人に増加した。以降は下降傾向となり、2018年には1324人に減ったものの、長いスパンで見ると、子どもの野球離れが進むなかで不思議と高校野球だけは競技者を増やしてきた。

ただし、大きな数字だけを見ていても浮かび上がらない現実がある。福井県立武生商業の野口大輔監督が、現場レベルの実感を語る。

「福井工大福井さんなど、試合をするとベンチ外のメンバーも含めて応援団の数がすごいです。1学年で50～60人いた時期もあるんじゃないかな。私立になると野球部が学校経営にもつながってくるのかなと思います。一つの高校にそうやって人数がたくさんいたので県内の野球部員の数も上がっていったけれど、同時に県立高校の人数が減ってきていました。ここ10年くらい、その二つがリンクしていた時期なのかなと思います」

大渕スカウト部長が示した新潟県の二極化と、同じことが福井県でも起きていると野口監督は身をもって感じている。

私立福井工業大学附属福井は２０１８年時点で甲子園に春夏合わせて13度出場している強豪校だ。同年夏の部員数は１２０人を超え、同時期の県大会に登録された20人のうち福井県出身は９人、残りの11人は近畿圏からの「野球留学生」だった。

一方、県立の武生商業の状況は大きく異なる。２０１８年夏の大会をもって３年生の13選手が引退し、同年の秋季大会時点では部員が10人しかおらず、サッカー部から助っ人をお願いして出場した。

こうした現状に、福井県高野連の田邊浩之理事長は危機感を強めている。

「福井県高野連の登録人数は一昨年（２０１６年）まで右肩上がりでした。北信越地区でも希な状態です。各校指導者の方々の細やかな指導のおかげで入部者が途中でやめることが少ないことが要因だと思います。とはいえ、昨年（２０１７年）から新入部員が極端に少ない加盟校が多くあります。今後、学校再編も進み、爆発的に少なくなることが予想されます」（筑波大学大学院人間総合科学研究科の見延慎也氏の提供資料より）

田邊理事長の危惧する事態が、すでに起きている地方もある。

２０１７年夏、青森県の五所川原地区では5校連合を組んで出場したチームがあった。当時、青森県高野連の高橋聡理事長はこう話している。

「来年（２０１８年）夏の１００回大会に向けて、その年の春にならないと出場校すら確定できない。これまではそういう学校が一つ、二つでしたが、今はそういうレベルではありません。子どもの数がどんどん減っている影響です」

青森県の年少人口（0～14歳）は１９７５年の38万２１８人から２０１５年には15万４９３人と半減した。２０１８年12月末時点で、五所川原市の16歳男子は２６８人（出典：五所川原市ホームページ、以下同）。中学1年生にあたる13歳男子は２２７人、小学生年代が中心の12歳男子は２０７人、11歳男子は１７５人だ。彼らが高校生になったとき、今より苦しい状況になることは容易に予想される。

日本高野連は2018年5月末時点の部員数を発表し、1年生は前年より3882人少ない5万413人だった。総部員数は15万3184人で、前年と比べて8389人減っている。前年度と比べての減少率は、1982年に調査を始めてから最悪の5・2%だった。

ベースボール・マガジン社WEBの「高校野球［硬式］加盟校数&部員数から読み解く各都道府県〝野球離れ〟の現状」によると、2018年夏の地方大会には81の連合チームが出場した。前年と比べて24チーム増だ。同記事（2018年9月14日）は、「212校が連合チームを組んでいることと1校あたりの平均部員数が増えている現象（1988年は34・3人、2018年は38・6人）を照らし合わせると、多くの部員を抱える学校とチームを組めないほど部員数の減少に悩まされているチームの二極化が浮き彫りになる」としている。新潟県や福井県を例として示した二極化は、全国的な傾向と考えられるのだ。

日本高野連に登録する野球部員の人数がピークだった2014年と2018年を比べると、全国で1割相当の部員が減少した。部員数が増えたのは和歌山、鳥取、島根、徳島の4県のみで、北海道と東北ではすべての道県で部員の数が80%台まで落ち込んでいる。最も減少率が大きかったのは山梨県で、約2割少なくなった。

今後も少子化は進むなか、ビジネスとして学校経営する私立高校は中学時点で実力のある選手を全国から集めていくだろう。公立との二極化が加速するのは間違いない。

加えて超高齢化社会では都市に住む人が増え、地方の過疎化が進むと予測される。こうした様々な要因が絡み合い、地方の公立高校は極めて厳しい状況に置かれるはずだ。


ボーイズリーグのチームを「系列化」する強豪私立

地方には都市圏とは異なる事情があり、高校野球の行方を展望するヒントがあると考え、2018年9月、福井県を訪ねた。

2018年12月時点で人口約77万人の福井県には、全部で30高校に硬式野球部がある。そのうち公立は26校で、私立は敦賀気比、福井工大福井、北陸、啓新の4校だ。すでに紹介した最初の2校に加え、北陸は甲子園に春夏通算3度出場、2012年に創部された啓新は2019年春のセンバツで初めて甲子園の土を踏んだ。

2018年夏の大会で福井工大福井はベンチ入りメンバーの半数以上が県外出身だったと先述したが、残りの私学も県外から優秀な中学生を勧誘して強化している。啓新は初めてのセンバツに出場した時点で、約7割が県外出身の部員だった。

また、私学の戦力になっているのが県内の中学硬式出身者だ。敦賀気比では2018年夏の甲子園でベンチ入りした18人のうち9人が県内の硬式クラブ出身で、そのうち5人が鯖江ボーイズに所属していた。同チームは2015年に全国制覇を果たした強豪だ。1992年に鯖江ボーイズの渡辺孝一監督が敦賀気比の監督に就任し、1994年夏の甲子園に初出場した歴史もあり、今も深い結びつきがある。

一方、福井工業大学附属福井中学校は福井中学ボーイズを運営し、2018年夏に第49回日本少年野球選手権大会で初優勝を飾った。同年夏、福井工大福井高校が地方大会に臨んだベンチ入りメンバー20人のうち、同ボーイズ出身は6人を占めている。

こうして私学が様々な方法で強化を進めていくなか、割りを食うように勝てなくなったのが福井商業だ。北野前監督が振り返る。

「気比（敦賀気比）に公式戦で10連敗して、我々のチームではもう甲子園に行けないのかなと思った時期もあります。あまりにも強いし、選手一人一人の個々の能力もめちゃくちゃ高い。内海（哲也）のときもプロに3人行きましたからね」

内海が高校3年だった2000年夏、敦賀気比は福井県大会決勝で福井商業に敗れて甲子園出場を逃したが、内海に加え李景一（元巨人）、仲澤忠厚（元中日）もドラフト指名を受けている。

全国レベルの強敵と競い合ったことで成長できたと福井商業の北野前監督は振り返る一方、それが県全体のレベルアップにつながっているかには疑問符をつける。

「近年の全国大会の結果を見れば、気比が準優勝したりベスト4になっているのでレベルが上がったかなとも言えます。反面、それは気比だけのことで、果たして県全体のレベルはどうか。特に全国大会で各県と比較をすると、『そう上がったと言えるのかな？』と考えますね。北信越大会を見ていても最近、富山、石川、長野も強いでしょ？　だから、福井はなかなか勝てません」

逆風に立ち向かう「とんこう」

秋田県立金足農業高校が2018年夏の甲子園で全国に大フィーバーを起こしたように、日本には公立高校を応援する気風がある。

球場に足繁く通うような高校野球ファンはブランド化された私学やドラフト候補に熱視線を送る一方、お茶の間で観戦するライトファンは公立高校に肩入れしたくなるのではないだろうか。判官贔屓は、源義経が悲しい最期を迎えた頃から日本人に受け継がれる気質だ。さらに各都道府県の代表で争われる夏の甲子園大会の仕組み上、地元出身の選手の占める割合が高い公立野球部を応援するのはある意味で当然のスタンスと言える。

実際、福井県で様々な人に話を聞くと、地元コミュニティと公立高校の結びつきを強く感じられた。福井市の居酒屋で隣になったアラフォーの男性は「福井商業と敦賀気比のどちらが甲子園に出場しても福井県代表を応援します。でも、福井県出身の高校生に出てほしいのが正直な気持ち」と話していた。

県民が地元の学校を贔屓する姿勢は、先ほど紹介した福井商業の北野前監督の言葉にも透けて見える。福井県で敦賀気比は「気比」と呼ばれているのだ。地元の伝統校と区別するためだという。

福井県立敦賀高校は地元の人々に「とんこう」と呼ばれて親しまれている。1906年に敦賀商業学校として設立され、1948年に3つの学校が合併されて敦賀高校に名称を変えた。嶺南の名門校は文武両道を掲げ、甲子園に春夏合わせて21度出場、戦前から活躍して野球殿堂入りを果たした松木謙治郎（元大阪タイガース）やオールスターに4度出場した辻佳紀（元阪神）などプロ野球選手も輩出している。福井商業の北野前監督も卒業生だ。

敦賀高校は地元市民から大きな期待を受ける一方、夏の甲子園は1999年を最後に遠ざかっている。全国的に公立高校の状況が難しくなっているように、吉長珠輝監督も就任時は立て直しを迫られた。

「僕がここの学校に来たときには、部員があまりおらんかったです。中学まで野球を続けて、高校野球をしないという子も結構いますよね。継続しない理由を潰していき、おかげさまで1学年に17、18人いるようになりました」

なぜ高校で野球を続けないのか。吉長監督が聞いていくと、「野球はお金がかかる」「勉強との両立ができない」「負担がかかる」「親が忙しい」「休みがない」などという声があった。

費用に関しては、多くの高校のようにおそろいの野球バッグをつくるのはやめた。これで約1万円の節約だ。普段の練習着は中学時代のものを使わせ、胸に700円ほどでプリントを入れている。新品のグローブを買うと5~6万円するが、古いものをリメイクして8500円ほどで売る職人を探し出した。インナーマッスルを鍛えるチューブは手づくりし、近隣の介護施設から譲り受けたマシーンを筋トレで使っている。

10月以降のオフシーズンはチームを二つに分け、練習を交互に行うことで2日に1回にした。吉長監督がその意図を説明する。

「チームの半分は練習を休みにして、学校で宿題をします。その日は早く帰って来られるので親も助かります。子どもが早く寝てくれれば、親も早く寝られる。それに休みだった子どもたちは野球をしたいと思う気持ちが高くなるから練習でのモチベーションも高いですし、夜によく寝られます。『野球も勉強も、もっと頑張ろう』となるような感覚をつくり出しています」

進学校の敦賀高校では毎日宿題が多く、どうしても睡眠時間が少なくなりがちだった。一方、夏の大会で勝てない要因を探ると、体づくりが理想より劣っていた。吉長監督は「トレーニングも食事も結構やったつもりだし、ケガもしていない」と感じるなか、どうすれば課題を解決できるかと突き詰めた。

そうして2016年から、シーズンオフの間は2チームに分けることにした。実力別ではなく、チームを二つに分けて活動する点にポイントがある。

身体が大きくなるのは寝ている間なので、睡眠時間を増やすことが必要だ。毎日練習があると、宿題をするために睡眠時間を削らざるを得ない。野球の練習を半分にすることで、寝ている間に身体を大きくし、さらに自分で勉強する時間も十分に確保できる。つまり、文武両道を高いレベルで求められるのだ。

2チームに分けて取り組むようにした結果、選手たちは想像力や自主性が磨かれたと吉長監督は語る。

「こっちが言ったことしかできない子は、誰かに言われて行動する時間が1日のなかで長くなります。例えば家では『早くお風呂に入りなさい』、練習では『次はこうやって投げるんだ』『次はノックだ』と、睡眠を除いて24時間の使い方がすべて管理されている。でも、練習がない日は『家に帰って何をしよう?』となります。つまり、自分で考えて動く時間が生まれるわけです」

シーズンオフの取り組みによって文武両道のレベルが高まったこともあり、2017年夏の福井大会で18年ぶりに決勝進出を果たした。翌年は準決勝まで駒を進めている。

勝つために練習量を増やしたり、有力選手を獲得したりという方法論ではなく、限られたリソースで戦う公立の敦賀高校がクリエイティブに質を追求し、結果を出しているところに大きな価値がある。

プラスアルファの価値

昨今、スポーツの育成年代における勝利至上主義の是非が議題に上がっている。高校野球で言えば、チームとして勝利を目指しながら、高校生たちにどんな付加価値を与えることができるか。私立はもちろん、公立は今後その部分が一層求められていくだろう。

「勝ちにこだわってやっているんですけど、それだけではダメだなと薄々感じていました。この3年間、どうだったかと強く感じるようになって」

福井県立武生商業の野口監督がそう思い始めた背景には、2016年から部員減少が著しくなったことがある。以前は1学年で8、9人を推薦で確保できていたが、同年に入学した代から学校が入試制度を見直し、推薦枠が大幅に縮小された。加えて小・中学生の野球人口減少、高校野球の二極化の影響が同時に表れ、2018年秋季大会時点で男子野球部員は1年生が7人、2年生が3人しかいなかった。

「俺が教えるのだから、強くならないといけない。お前らも勝ちたいやろ?」

武生商業に赴任した当初、野口監督は勝利至上主義的な考え方で多くの練習量を課していた。県内屈指の進学校である福井県立高志高校から一般受験で早稲田大学に入学し、名門野球部で得た経験を選手たちに伝えたいと意気込んでいた。

しかし、勝利至上主義のなかでチームには過度の緊張感が漂い、ギスギスした雰囲気になっていく。大会では思うように壁を突き破れないなか、振り返ると、選手に助けられた試合が多かった。反面、監督の采配で勝った試合は少ない。そこで2016年頃、野口監督は「自分も変わらないといけない」とチームの運営を方針転換する。

「勝ちを目指すなかで、生徒たちにプラスアルファで何かを残してあげないといけない。そこで、検定試験にもしっかり取り組もうぜと言い始めました」

商業高校では学校の課題や検定試験が多く、1月には毎週検定試験があるほどだ。その時期は部活動の時間を減らし、例えば土曜日は午前中に2時間集中して練習を行い、午後は部員たちで集まって勉強することもある。商業高校流の文武両道を突き詰めた結果、「進路が拓けたり、行く大学が変わってきたりという副産物がある」と野口監督は成果を感じている。

同時に、練習を選手主導で行うように変えた。部員たちが日々の練習メニューを提案し、監督とは上下関係ではなく対等に接する。一方、野口監督は自分だけができることに重きを置いた。

「練習試合の折衝や、オーバーワークにならないようなスケジューリング、中学校と折衝して新入生のリクルートや、大学進学の調整などが僕の役割です。普段の練習では守備の人数が足りなかったら入り、バッティングピッチャーもお願いされます。練習では捕り方、投げ方などを意外と細かく言いますね。『(早稲田大野球部出身の) 鳥谷 (敬／阪神) はこうやっていたぞ』『青木 (宣親／ヤクルト) はこうだったぞ』といいタイミングで言えば、選手はその気になります。少なくとも福井県内では僕しかしていない経験だから、伝えたいと思っています」

野口監督は早稲田の野球部で培った経験に依存するだけでなく、練習方法やメンタルトレーニングなど新しいものを積極的に取り入れて指導内容をアップデートしている。結果、自身の考え方も更新された。

「マネジメントする側も勉強して変わらなければいけないとやってきて、選手とはある程度、対等の関係がいいかなと思うようになりました。『監督は野球が好きで、大学まででやっていた人』くらいに思ってもらえればいいかなって」

女子マネジャーの役割

武生商業は2017年夏の県大会でベスト4に進出した。強豪私学のように決して恵まれた環境ではないなか、野口監督には矜持がある。

「選手たちにイノベーションという言葉を紹介して、『少ない人数でやれることを証明しようぜ』って話しています」

2018年秋時点で武生商業野球部の選手は1年生が7人、2年生が3人と人数的に少ないのは、特有の事情もある。1学年の人数は140人ほどで、男子は1年生が18人、2年生は22人。商業高校という特色上、女子の割合が圧倒的に多いのだ。

そんななか、1年生男子全体の3分の1以上が野球部員に所属している。占有率で言えば、極めて高い数字だ。

「選手10人プラス、マネジャー5人。決して毎日悲観的にやっているわけではありません。3年生もちょくちょく顔を出してくれるし、いい練習ができています。マネジャーも守ってくれますし」

武生商業野球部を女子部員として活性化させる吉本早希さんの家は野球一家で、福井県立武生東高校野球部でマネジャーをしていた姉に憧れて同じ道に進んだ。練習中は一般的なマネジャーの業務に加え、撮影した動画を編集し、ＤＶＤに焼いて選手がいつでも見返せるようにしている。

ノック中は危なくない場所に立ち、ボールを回収する。「マネジャー無くして、うちのチームは回らない」と野口監督は厚い信頼を寄せている。

しかし、公式戦になるとルール上、道具の準備はベンチの中までしか認められていない。21世紀の今でも高校野球のグラウンドは女人禁制だ（２０１７年より甲子園大会では外野の人工芝部分に限り、ヘルメットを着用すれば練習に参加できる）。こうした現状について、吉本さんは歯がゆく感じている。

「試合前のシートノックでも、ボールが来る位置も全部わかっています。危ないか、危なくないのかは自分で判断できるので、別にグラウンドに入ってもいいと思います」

チームを監督する立場から、野口監督はこう語る。

「マネジャーにはいつも、世間のイメージの『マネジャー＝雑用、お手伝い』とは違うと話しています。『マネジメントという言葉を紐解いたら。結構大変だよ』と。彼女たちは、僕が気づく前に行動してくれるからありがたいです。公式戦でのベンチ入りに関して、補助員を出せないチームには特例として少しずつ認めてほしい。『危ないからダメ』と言うなら、『じゃあ、何もやらせられないじゃないですか』という話なので」

練習中は問題なくやれていることを公式戦では「危ない」という理由で認めないのは、明らかに女子マネジャーへのリスペクトを欠いている。近年は女子野球の人気が高まっていることや、武生商業のように人数不足で悩む野球部が増えていることを考えても、日本高野連はこれまでと異なる視点で女子マネジャーのベンチ入りについて判断すべき時期に来ているのではないだろうか。

日本高野連へのバッシング

日本高野連の古臭い体質が、批判を浴びることは珍しくない。2019年の年明け早々、世間の常識とあまりにもかけ離れた考え方がメディアやワイドショー、SNSで槍玉に挙げられた。

2018年12月、高知商業高校野球部の選手が同校ダンス同好会主催の有料イベントにユニフォーム姿で出演したことが日本学生野球憲章に抵触する可能性があるとして、2019年1月16日に行われた日本高野連の審議委員会は高知商業の野球部長を謹慎処分相当にすると日本学生野球協会審査室に上申したのだ。

「サンケイスポーツ」電子版の記事（2019年1月18日）によると、日本高野連の竹中雅彦事務局長は「発表会への参加は問題ないが、有料だったことが、日本学生野球憲章が禁じる野球部員の商業利用に当たる。文化祭で同じことをやっても何の問題にもならない」と話した。

この高野連のスタンスに対し、インターネット上には識者から一般人まで怒りの声があふれた。有料イベントと言っても入場料は500円で、収益を上げることが目的だったとは考えにくい。しかも野球部員がゲスト出演した理由は、夏の甲子園でチアリーダーに応援してもらったことへのお返しだった。

3年生の当該部員は夏の大会後に選手として引退したものの、野球部には在籍している状態だった。退部届けを出していれば有料イベントにゲスト出演しても問題ではなく、高知商業野球部に手続き上の不備があったのは事実だ。ただし一連の事情を踏まえたうえで、一般常識的に考えると、「勘違いが起こりやすいところだから、今回は注意にとどめる。今後は気をつけてほしい」と大岡裁きで済む程度の話のはずだ。

結局、日本高野連はユニフォーム姿でのイベント出演に関する記述が日本学生野球憲章に明文化されていないことから「不措置」としたが、高知商業の野球部長を謹慎処分とした初期対応はあまりにも教科書的で、「時代遅れ」「権威的」と多くの批判を集めた。

カメの高野連、ウサギの一般社会

こうした日本高野連の古臭く、融通の利かない体質はよく知られたところだろう。

改革を促すべく、筆者はスポーツページの編集を担当する「NewsPicks」でスポーツジャーナリストの氏原英明氏とともに、八田英二会長、西岡宏堂副会長、竹中事務局長にインタビューし、「NHKから甲子園大会の放映権料をとり、有効活用すべきだ」「センバツ大会を廃止し、高校野球の年間スケジュールを見直すべきだ」など様々な提案をしてきた。

三者へのインタビューを通じて感じたのは、世間の印象ほど日本高野連はカタブツではないということだ。八田会長が「提案はウェルカム」と語るように、少なくとも日本高野連は聞く耳を持っている。世間の声を気にかけ、「権威的」と見られてきた体質から脱却しようとしてきたのは事実だ。

和歌山県の高校教諭や高校野球指導者、同県高野連理事長を経て2013年から日本高野連で働く竹中事務局長はこう話している。

「僕が高校野球に関わったときの日本高野連の理事会とは、今は大きく変わってきていると思います。昔はイエスマンの会議だったんですよね。例えば佐伯（達夫）さんが言うと、『わかりました』と何も会議で発言がない。今はいろんな意見が出てきます。（会長が）佐伯さんから牧野（直隆）さんになって柔らかくなり、脇村（春夫）さん、奥島（孝康）さんと来て、もちろん社会状況が変わっていると思うんですけど、絶対的に上から押さえつけるようなものは、今の日本高野連の中にはないのかなという気はします」

1967年から1980年まで日本高野連のトップを務めた佐伯元会長は大きな力を持ち、不祥事に厳しい罰則を課したことなどから「佐伯天皇」と呼ばれた。当時から40年近く経ち、日本高野連のあり方は変わったと竹中氏は言う。過去から歴史を振り返ると、大きく変わっていることは確かだ。

ただし、一般社会はあまりにも早く変化しており、そのスピードに日本高野連はまるで追いつけていない。とりわけ1990年代以降に世の中の価値観が大きく変わるなか、カメの歩みのようにゆっくりとしか変われない日本高野連が、世間から「旧態依然」と批判されるのは当然だろう。

日本高野連は「調整役」

ある高校野球監督が、日本高野連の決定的欠陥を指摘する。

「高野連のダメなところは、何事においてもルールがないところですよ。どんなに悪い組織でも、悪いルールがあったら悪いルールのなかで動くわけです。でも高野連は不祥事一つとってもルールがないので、どうにもならない」

確かに、日本高野連の判断基準は曖昧だ。

例えば小学生や未就学児を対象とした野球教室の開催について、日本高野連は各都道府県高野連の判断に任せている。そのため青森県高野連のように「どんどんやってください」というところもあれば、「勧誘につながる」などの理由で認められないケースもある。以前は許可されていなかったものの、理事長が交代した途端、開催を認められるようになったという話も聞いた。必要なルールがつくられないため、現場で困惑する者は少なくない。

対して、日本高野連には彼らなりの理屈がある。

日本の高校野球連盟の構造を説明すると、全国には各都道府県に47の高野連があり、

9つの各地区（北海道、東北、関東、北信越、東海、近畿、中国、四国、九州）があって、そして日本高野連がある。八田会長自身も「複雑になりすぎている」と話すような構造だ。

世間のイメージと異なると思われるのは、日本高野連は9ブロックや都道府県高野連に対して上の位置にいるわけではなく、「調整役」というスタンスをとっていることだ。八田会長が説明する。

「日本高野連が〝こう考えてこうする〟というのではなく、下から上がってくる意見を踏まえて考えていく。それぞれの方々がどう思われるか、その声がいろんなパイプで上がってきますから、それによって判断すべきだと思っています」

竹中事務局長は、日本高野連が意思決定する際に最も大事にするのは「現場の声」だと言う。佐伯会長の頃のように上が決めたものを下に降ろすのではなく、下の様々な声に耳を傾けて「調整」する。そんな民主主義的スタンスは理想的に見える反面、トップが役割をうまく務められなければ、組織としてまとまることはできない。

日本高野連と各都道府県高野連の関係について、八田会長はこう続ける。

「各都道府県の高野連がどういう体制で運営しているかによって、また違ってくると思うんです。風通しの良いところと、そうではないところで運営方法の違いが出てくる。それが各地区、そして一番上の日本高野連に意見が上がってくる。そこで風通しの良さに違いが生まれているのかもわかりませんね。各都道府県の伝統もお持ちでしょうし、それぞれの前例があったりするのでしょう」

よく言えば、日本高野連は各都道府県高野連を尊重している。悪く言えば、うまくまとめ切れていない。そうした曖昧さが「高野連は何事においてもルールがない」という指摘につながっているように感じる。

こうした現場の声は、果たして日本高野連に届いているのだろうか。

「フェアというのはなかなか大変です」

本章では高校野球の二極化をテーマとし、それが野球界の未来の発展を阻害しかねないと指摘してきた。なぜなら敦賀高校や武生商業高校のように、公立ならではの価値を創造しているチームにこそ、高校野球の真価があるからだ。

日本学生野球憲章の前文には、学生野球の理念を示す文章がある。

「『教育の一環としての学生野球』という基本的理解に即して作られた憲章の本質的構

成部分は、学生野球関係者はもちろん、我が国社会全体からも支持され続けるであろう」

高校野球が存在する最大の理由は、「教育の一環」だ。そのレールから外れない自負があるからこそ、「我が国社会全体からも支持され続ける」と自ら謳えるのだろう。

では、そもそも教育とは何か。同志社大学の学長でもある八田会長に聞いてみた。

「子どもに将来を与える。未来を開く力を、少年に、あるいは子どもに、あるいは教育を受ける人に与える。これが私は教育者の使命である、喜びである、誇りであると思います。大学の授業、あるいは高校の授業を通して、あるいはクラブ活動を通して、将来を彼らに与える、あるいは可能性を与える。これが教育であると思っています」

日本高野連は高校野球を教育の一環と位置付け、加盟校の部員全員にできる限り公平に機会を与えようとしている。八田会長がそのスタンスを明らかにしたのは、「小・中学生への野球教室を、もっと自由にできるようにすべきだ」と提案した際の返答だ。

「高校野球の論理は何かと言うと、公平・公正、フェアな立場で各高校にやってほしい。そうすると、ある高校が小中に（野球教室で）行かれると、余力がないようなところや、そういうパイプがないようなところもあるという問題が必ず出てきます」

八田会長が「フェアというのはなかなか大変です」と言うように、何をもって公平とするかは極めて難しい。規制を設けることで公平な状態をつくろうとする方法もあれば、自由競争を公平に認めるという考え方もある。両者は反対のベクトルを向いているが、どちらも「公平」だ。

経済学者でもある八田会長は「自由主義がいい」と基本的なスタンスを明かした上で、「弱肉強食でやってしまうと本当に強いところはますます強くなって、格差が広がっていきますよね」と日本高野連の会長としての姿勢を示した。

八田会長の言葉からもわかるように、日本高野連は高校野球の二極化を懸念している。

竹中事務局長へのインタビューでは、2018年春から導入されたタイブレーク制と、投手の球数制限やイニング数制限について訊いた。タイブレーク制は高校球児の肩肘を守るための「次善策」とした竹中事務局長は、〝弱者〟を大切にしたいと続けた。

「言葉の使い方は悪いかもしれないですけど、甲子園に出てくるようなチームは放っておけばいいと思います。それなりの指導者もいるし、部員数もある。自分たちがどこに目をつけないといけないかと言うと、連合チームを組まないとできないようなところや、9人で一生懸命やっているところに着眼しないとダメだと思います。甲子園レベルのチームには、『連投させたらダメ』と簡単に言えると思います。『ベンチ入りの人数を増やせばいい』という意見もあるけど、増やせるところはいいけれども、増やせないところはどうするのという話ですからね」

全体の公平性を保ちながら、弱肉強食の行き過ぎをコントロールするのは極めて難度が高い。本章で示してきたように、日本高野連の現状のやり方では高校野球の二極化が進むばかりだ。今後は環境的要因も加わり、そのスピードは加速していく。

高校野球の繁栄を願って「２００年構想」を掲げる日本高野連がそうした未来を望まないのであれば、刻々と変化する社会状況も考慮に入れたうえで、〝フェア〟のあり方を見直すべきではないだろうか。

日本高野連への二つの提案

青森県高野連の斉藤理事長や福井県高野連の田邊理事長が懸念するように、地方の公立高校はますます苦境に立たされていくだろう。効果的な対策を打てないと、高校野球に大きな価値を残してきた公立高校の野球部を潰していく事態を招きかねない。

そこで日本高野連に、〝弱者〟と高校野球界が共存共栄するための案を提示したい。

一つ目は、甲子園大会の収益から公立高校の野球部に補助金を出すことだ。NHKから妥当な放映権料をもらい、それを財源にする手もある。

一部の高校だけに補助金を出すことは「アンフェア」かもしれないが、そもそも私立と国公立の学校では国からの助成金の額も異なる。資金的なサポートを受けた公立高校野球部は、例えば練習試合の遠征費にあてて強化につなげたり、チームのパンフレットやDVDを作成して勧誘のアピール材料にしたりすることもできる。

甲子園で限られた強豪校しか本当の意味で勝利を目指せない構造がこのまま確立されると、同一の価値観を持つ者のみしか参加しづらくなり、高校野球から多様性が失われる可能性がある。そうした業界に、決して繁栄はない。

加えて言えば、敦賀高校や武生商業高校は本気で勝ちを目指しながら独自の取り組みをしているからこそ、クリエイティブな発想が生まれてくる。こうした公立高校を金銭面でサポートすることは、高校野球界全体の繁栄につながるはずだ。公益財団法人を管轄する総務省の了承が必要になるが、実現性が薄いとは思わない。

二つ目の提案は、センバツ大会を廃止して秋から春までリーグ戦を実施することだ。現状、夏の大会が終わるとすぐに秋の大会がスタートするため、その時点ですでに実力のある2年生、あるいは1年生をより多く抱えているチームが有利になる。

対して秋の時点で戦力的に劣るチームは、負ければ終わりのトーナメント戦では公式戦の機会が限られる。緊張感の高い公式戦で学べることはたくさんあり、試合数の多い強豪校と〝弱者〟の差は開くばかりだ。それならトーナメントではなくリーグ戦にし、公式戦の試合数をフェアに近づけることで〝弱者〟にも成長のチャンスをより多く与えられるのではないだろうか。そして最後の夏に、トーナメント戦で甲子園への切符を争えばいい。

選手の育成面だけを考えれば、1シーズンを通じたリーグ戦のほうが好ましいだろう。ただし多くの高校球児にとって、夏の甲子園は野球人生の最大目標だ。そして甲子園が野球界や日本社会に与える影響力を考えると、現行のシステムに改善を加えていくのが望ましい。

U18高校日本代表の超法規的措置

世間のバッシングにさらされる日本高野連だが、一般的に思われているほどカタブツではないと先述した。過去には高校野球の事情より野球界の利益を最優先し、超法規的判断をしてきた事例もある。

一例を挙げると、U18高校日本代表のユニフォームには左腕の部分にスポンサーであるエネオスのロゴマークが貼られていることだ。日本学生野球憲章は野球部や部員を商業的に利用することを禁じるなか、スポンサーのロゴマークを受け入れた理由を西岡副会長はこう説明する。

「侍ジャパンができる前にも『スポンサーを付けてくれたら』というケースはあったのですが、『お金はいりません。うちは独自でやります』とお断りしていました。でも、侍ジャパンの一員として入るので、国際試合だけは『憲章違反』なんて目くじらを立てないで協力しようよと。現場は猛反対でしたね。『長いことやってきた基準を崩すんかい』『高野連は何を考えているんだ』と随分怒られました。でも『長い目で、野球界のひとつの統一したものと考えることが必要だから例外的に認めます』と押し切りました」

1946年に制定された日本学生野球憲章は「学生野球の憲法」と言われ、学生野球の理念と方針が定められている。前述のロゴマークについては、第1章総則の第2条(学生野球の基本原理)の4項目で「学生野球は、学生野球、野球部または部員を政治的あるいは商業的に利用しない」としており、これに反するようにも考えられる。

しかし西岡副会長の言うように、野球界全体を考えて特例措置もとれるのだ（八田会長によると、ロゴマークをつける対価は受け取っておらず、「商業利用ではない」と解釈しているのだろう）。

高校野球の大きな力

日本の野球界全体で競技人口減少を抑制し、ファンの拡大、そして未来の繁栄を目指すためには、日本高野連をクリエイティブに変化させていくことが不可欠だ。なぜならプロ野球は11の都道府県にしかフランチャイズ球団がないのに対し、全国をカバーする高校野球はプロを上回る影響力を持っているからである。

本書の第二章で、弘前市の学童野球選手が２００６年から２０１６年にかけて１１１３人から３４３人に激減していることを知った、弘前聖愛高校野球部の原田監督の言葉を紹介した。

「衝撃的でした。原因どうこうより、単純に野球を始める人を増やすために、うちらにできることは何かなと」

原田監督は冬の土日の午前中、ビニールハウスの室内練習場を市内の学童野球チームに貸し出すことにした。

交換条件として、高校生が野球教室をさせてもらうこと、そして野球体験コーナーをつくるので未経験の弟や妹、友だちを連れてきてもらうことを挙げ、市内の小学校にメールを流した。すると1週間も経たないうちに、2017年1月から3月まですべての土日が予約でいっぱいになった。

「青森にはプロの球団がないので、小学生にすれば高校生のお兄ちゃんがそうした憧れの存在なんです。未経験の子も、一緒に野球をして喜んでいましたね。それに良かったのは、高校生が成長することです」

野球教室も体験コーナーもすべて部員主導で、どうすれば小学生が楽しめるかと議論を重ね、安全面も配慮して実行した。

この活動を始める前の2016年秋、弘前聖愛は9年ぶりに県大会出場を逃すくらい力がなかったと原田監督は振り返る。野球教室のために2017年の冬の練習時間は半分になったが、以降、自分たちで考えて行動することで急速に力を伸ばしていった。

17年春の大会では県内きっての強豪・八戸学院光星を倒して準優勝し、東北大会では甲子園の常連である盛岡大学附属を撃破した。夏は八戸学院光星に返り討ちにあったものの、準決勝まで駒を進めた。野球教室に参加した小学生たちが球場に足を運び、地元のヒーローたちに大きな声援を送ったという。

「こういった活動が増えて、理念を持つ人が増えてくると、世の中が変わってくると思います。野球界は大学、社会人、プロと別組織でバラバラだけど、逆に今、一つになるチャンスなのかなと」

原田監督がこう話すように、高校野球には大きな力がある。青森県高野連の斉藤理事長が背中を押し、弘前聖愛の活動を通じて子どもたちに野球の輪が広がった影響もあり、2017年の弘前市内の学童野球選手は前年から99人増えて432人になった。

ステイクホルダーが数多く存在するプロ野球界と異なり、高校野球界は日本高野連、そして主催者の朝日新聞、毎日新聞によって支えられてきた。構造的にプロよりまとまりやすいのは明らかだ。弘前聖愛の原田監督が希望を持つように、高校野球の価値観をアップデートすることができれば、日本球界全体が大きく変わり始めるかもしれない。

同時に言えるのは、日本球界が明るい未来に向けて歩いていくためには、日本高野連の変革が不可欠である、ということだ。

第四章　「プロアマの壁」は崩れていない

「プロだ、アマだというのはどういうことですか。同じ野球でしょ？」

日本野球界の「NF」（ナショナル・フェデレーション＝国内競技連盟）にあたる全日本野球協会（BFJ）の山中正竹会長は、2017年11月に日本野球機構（NPB）のコミッショナーに就任した斉藤惇氏から、そう訊かれたことがある。

「『その通りです』と答えました。プロとアマの壁って、私の感覚では一切ないんですね。ビジネスとしてやっているプロと、アマチュアは競技性や社会性など理念が違うかもわからない。ただ、『アマチュアの中の方が壁は厚いぜ』というのが私の中にずっとあるんですね。その壁というのは、特段の大きな意味があっての壁ではないんじゃないのと。そこにいる人たちが『一緒になって考えましょうよ』となれば、そんなに難しいことではない」

野球界には長らく〝プロアマの壁〟がそびえ立ち、数十年前までプロ野球選手は母校の後輩と話もしてはいけないという時代があった。それが2003年に「プロ・アマ問題検討委員会」が設置され、2005年オフからプロ野球選手が母校の高校や大学に限って練習参加することが可能になった。2012年には各都道府県高野連に届け出た場合、母校以外でも練習できるように日本学生野球憲章が改定されている。

プロ野球選手が現役引退した後、高校野球指導者になる道は1984年に開かれた。教員として10年間勤務すれば、学生野球資格が回復されて指導できるようになったのだ。勤務期間は1994年に5年間、1997年に2年間に短縮され、2013年以降は計3日間の研修会に参加すれば同資格を回復できる。2018年時点で学生野球資格を回復した元プロ選手は1000人を超えている。

こうした〝雪解け〟を考えると、90年代以前を野球界ですごした者にとって、プロアマの壁などもはや無いに等しく感じるかもしれない。

ただし今も、現役のプロ選手が高校生に指導することはできない。プロ野球に選手、指導者、球団スタッフなどとして関係した者は、学生野球資格が失われるからだ。

プロ野球選手が母校で自主トレを行う際、一緒にキャッチボールやトスバッティングを行うのはOKだが、ノックを打つのはNG。線引きは「自分の練習として行っているかどうか」。日本高野連の西岡宏堂副会長によると、「自分の練習としてやっていて、そのなかでアドバイスを求められたときに答えてやるのはOKです」。

毎年2月になるとプロ野球チームは宮崎県や沖縄県で春季キャンプを張るが、地元の高校生がグラウンドで手伝うことはできない。プロの技を間近で見て学ぶチャンスだが、高校生がプロ選手と接触することは認められていないのだ。

さらにアマチュア同士でも交流にはハードルがある。例えば日本高野連は、高校生が中学生に野球教室を行うことを認めていない。「勧誘」につながるリスクがあるからだ。

こうして野球界を外側から眺めると、各組織を隔てる壁はまだ高く、決して一枚岩には見えない。その弊害は大きく、野球界、そして選手たちは成長するチャンスを自ら手放しているように感じられる。

きっかけは「柳川事件」

野球界が〝断絶〟されたのは、1961年の柳川事件がきっかけと言われている。

1950年、8球団から15球団に拡張されたプロ野球は選手不足となり、高校や大学、社会人から強引に戦力をかき集めた。現行のドラフト制度ができたのは１９６５年で、それ以前は新人選手の獲得について明確なルールは存在しなかった。

プロと社会人の間には「産業対抗大会（現在の日本選手権）が終わる10月31日まで社会人野球の選手を獲得しない」という協定があったものの、１９６０年に社会人側から出された新項目をプロは受け入れず、協定を破棄。翌年4月、中日が日本生命の柳川福三と契約した。

これに社会人野球が激怒し、プロ野球との関係断絶を発表する。以降、プロ野球退団者の社会人チーム入団を拒否するようになった。この決定に対して日本学生野球協会（日本高等学校野球連盟と全日本大学野球連盟を傘下に置く組織）は同調し、日本学生野球憲章にプロからの指導を禁じる項目が追加された。

こうしてできたのがプロアマの壁だ。50年以上が経った現在も、野球界にとって大きな障壁として立ちはだかっている。日本高野連の西岡副会長にその点をどう思うかと尋ねると、以下の答えが返ってきた。

「プロアマの壁がつくられたのは五十数年前の話ですが、二度と同じ問題を繰り返さないためには、過去に何があったかをちゃんと伝えてくださいとプロ側にも話しています。

私と同い年の尾崎（行雄）という浪商（大阪体育大学浪商高校）のピッチャーや土井正博さんなど、（1960年代）当時の大阪では中退してまでプロに行った連中がいたんです。でも、その二人以外はプロで成功していない。彼らと一緒に高校で野球をやろうといった同学年の選手にとってみれば、尾崎や土井さんが中退していなくなった途端に、翌年は甲子園に出られなくなります。プロはそれでいいけど、残された同学年の選手はどうなるんだという問題がありますよね。

水面下でしょうけど、夏の選手権大会中に接触して、あとは（入団）発表だけという状態にこぎつけていた。仮契約のようなことをしていたんじゃないかな、と。今では考えられないですが、そんなことが行われていました。

そのほかにも、高校野球でチームを編成して外国に遠征に行くじゃないですか。それぞれ目をかけている選手にいろんなチームが支度金というか、お小遣いを渡したことも発覚したんです。それが当時の（日本高野連の）会長のご立腹を招いてしまって、『社会人はなんぼ（プロアマ協定を）緩めたと言っても、学生野球は絶対に緩めないよ』と厚い壁になりました」

バラバラに誕生した日本の野球組織

日本球界に壁がそびえ立つのは、各団体の発祥の歴史とも無関係ではない。1921年に設立された日本サッカー協会が国内の諸団体を牽引してきたのとは、異なる成り立ちが野球界にはあるのだ。

日本に野球が伝来したのは1871年にアメリカから来日したホーレス・ウィルソンが東京開成学校予科（その後旧制第一高等学校、現在の東京大学）で教えたときとされる。1896年に第一高等学校が横浜外国人チームに勝利したことを契機に、全国で野球人気が高まっていった。

1903年に早慶戦が開始。1915年に全国中等学校優勝野球大会（現在の夏の甲子園大会）が初めて開催され、1924年から全国選抜中等学校野球大会（現在の春の甲子園大会）が行われるようになった。1925年に東京六大学リーグがスタートし、1927年から社会人の都市対抗野球大会が始まっている。

1934年にベーブ・ルースらメジャーリーグ選抜チームが来日し、このときに対戦した全日本チームが中心となって大日本東京野球倶楽部（現在の読売ジャイアンツ）が設立された。これが日本における「プロ野球の誕生」とされている。1936年に東京巨人軍や大阪タイガースら7球団で日本職業野球連盟が創立され、同年にリーグ戦が開始された。

1949年、正力松太郎の2リーグ構想を受けて加盟希望球団が殺到し、プロ野球再編問題が勃発する。翌年セントラル野球連盟（セントラル・リーグ）と太平洋野球連盟（パシフィック・リーグ）が誕生し、プロ野球は現行の2リーグ制になった。同時にリーグや球団間の利害を調整する機関として、日本野球機構（NPB）が設立された。

日本球界の「NF」（ナショナル・フェデレーション＝国内競技連盟）である全日本アマチュア野球連盟が設立されたのは、それから半世紀後の1990年だ。1992年バルセロナ五輪から野球が正式種目に採用されるにあたり、日本野球連盟（JABA＝社会人野球を統括する組織）と日本学生野球協会によってつくられた（2013年に全日本野球協会に改称し、全日本軟式野球連盟も加盟）。

オリンピックで実施される各競技には「IF」（インターナショナル・フェデレーション＝国際連盟）が必ず一つあり、国際オリンピック委員会（IOC）から承認される。IFはワールドカップやU23、U21など各世代の国際大会を行い、競技の普及と強化を図っていく。そうして競技の価値をIOCに認められた場合、正式種目に採用される。

各国がＩＦ主催の国際大会に出場する際、窓口になるのがＮＦだ。ＩＦは各国の協会や連盟から一つをＮＦとして承認する。

各競技のＮＦが国内での普及振興や強化を担うなか、野球には特殊な事情があった。社会人を統括する日本野球連盟と日本学生野球協会はそれぞれ独立的に長く活動してきた過去があり、オリンピックに出場するためだけにＮＦ＝全日本アマチュア野球連盟を設立したのだ。両団体にとって競技の普及振興という考えは薄く、それぞれが強化を行う先にオリンピックという最高の舞台を一緒に目指したわけである。

対してプロ野球は、オリンピックを頂点とするアマチュアとは異なる路線で活動してきた。オリンピック側から見れば〝独立リーグ〟のようなもので、それをよく象徴しているのがユニフォームだ。２００４年アテネ五輪や２００８年北京五輪の日本代表は白地の縦縞模様に身を包んでいたものの、２００６年と２００９年、そして２０１３年のワールド・ベースボール・クラシック（ＷＢＣ）ではダークネイビーのユニフォームをまとっている。両者はともに「日本代表」でも、立場や意味合いが異なるのだ。

このように、日本野球界には複雑な成り立ちがある。各組織が自発的（バラバラ）に設立され、それぞれの理念の下で活動してきた。言い換えれば、日本野球界として一つのゴールを目指してきたわけではない。

そうした歴史がすでに100年以上続いていることを考えると、日本野球界が「サッカーのように一つになれない」のはある意味、当然と言える。

高校野球と新聞社

日本の野球を語るうえで、切っても切り離せない関係にあるのが新聞社だ。

1915年から開催されている夏の甲子園大会は京都の中学生が大阪朝日新聞社（現在の朝日新聞社）に全国大会の企画案を持ち込み、それに賛同した同社と箕面有馬電気軌道（阪急電鉄の前身）がビジネス的なうまみを見出して始めたという説が有力だ。戦後の1946年から日本高野連と共催されている。

夏の甲子園誕生から9年後の1924年、大阪毎日新聞社の主催で春の甲子園大会が始まった。新聞社の思惑により、年に2回も高校生（当初は中学生）による全国大会が開催されることになったのだ。

それから80年以上が経ち、2010年から春は朝日新聞、夏は毎日新聞が相互後援という形で行われている。ライバル社が手を組むことになった経緯について、朝日新聞社で甲子園大会を運営する高校野球総合センター長の高蔵哲也氏は、2015年に筆者が「NewsPicks」で行ったインタビューでこう答えた。

「お互い高校野球を主催しているわけだから、サポートし合いましょうねということです。これはうわさですが、どうも読売新聞が選抜大会を買おうとしているとかね。そういう話があるとか、ないとか、流れていたのは確かですね。がっちりスクラム組んで、高校野球は両者で残りましょうよということもあったかもしれないです。裏をとった話ではないので、わかりません」

毎日新聞社の経営危機は週刊誌やネットニュースで度々報じられている。元朝日新聞社販売管理部長の畑尾一知氏は著書『新聞社崩壊』で全国紙やブロック紙、地方紙の経営状態を独自の視点で分析し、毎日新聞は神奈川新聞、産経新聞に次いでワースト3位だった。

甲子園大会の収益は巨大で、2018年夏の入場料収入は7億8236万4046円にのぼる。支出を引いた剰余金は2億3044万8239円で、すべて日本高野連の資産としてプールされる。

かたや、共催する新聞社は新聞の売り上げや新聞広告料を収益につなげてきた。だが昨今、新聞の発行部数は下降線をたどるなか、もはや金銭的なうまみはないと新聞社側は主張する。それでも甲子園大会を主催し続ける意義について、先述した高蔵氏はこう話した。

「ビジネス的なメリットよりも、ブランドなんです。高校生のスポーツを応援していますよ、と。高校野球のイメージがあるじゃないですか。一生懸命で、フェアプレーな精神でやって、すごく清潔感がある。そういうのと朝日新聞のイメージがかぶさってくれば、一番いい話であって。そこのところで、やはり高校野球を主催している意味があるのかなと思います」

プロ野球は読売新聞の「社業」

朝日新聞と毎日新聞が高校野球の発展に寄与してきた一方、80年以上前にプロ野球をつくり、国内ナンバーワンプロスポーツに牽引したのが読売新聞社だ。

同社がプロ野球をつくった理由について、スポーツライターの手束仁氏はライブドアニュースの記事「プロ野球を盛り上げる『悪党』の存在　読売巨人軍は永遠にヒールです！」と題した対談（2019年1月2日）でこう語っている。

「読売新聞が主導してプロ野球を作ったのは、毎日新聞と朝日新聞に高校野球で後れをとったからでした。野球が商売になるということがわかったのですが、わかった時には既に遅かった。朝日新聞が盤石な体制を敷いて高校野球を発展させて、それに便乗した大阪毎日、のちの毎日新聞が当時は景気が良かったから春のセンバツを定着させていき、なおかつ毎日新聞は社会人野球を束ねて都市対抗野球を作っていった。

それなら野球を職業にしたい奴を集めてしまえというのが読売の発想でした。自分のところで球団を作って、そのあと大阪に声をかけると阪神電鉄、阪急電鉄（現在はオリックスに売却）が手を挙げました。これに呼応して新愛知新聞社（中日新聞の前身）がこっちも！と全国に波及していったんです」

プロ野球が誕生した1930年代後半から1950年代中盤まで、先に生まれた学生野球のほうが人気を博していた。当時はアマチュアリズムの価値観が強く、「野球をやってカネを稼ぐなんて卑しい」という世間の声や新聞社の批判も少なくなかった。

こうした流れを変えたのが、1953年に日本初の民間テレビ局として誕生した日本テレビと、1958年に巨人入りした長嶋茂雄だ。東京六大学のスーパースターだった長嶋がプロ野球で華々しい活躍を見せ、その姿を日本テレビが中継し、翌日に読売新聞が詳細に報じる。読売新聞社や日本テレビの社主で、プロ野球の生みの親でもある正力松太郎は多角的に戦略を仕掛け、両社を繁栄させるだけでなく、プロ野球を日本の文化として定着させた。

一方、読売新聞社は「プロ野球は社業」と位置付け、巨人は日本球界で他を寄せ付けない人気を獲得していった。

プロ野球の地殻変動

時は経ち、「ミスタープロ野球」の長嶋茂雄が2度目の巨人監督に就任した1993年。この年は、日本のプロスポーツ史において極めて重要な年だ。2年前に設立されたJリーグが開幕し、日本でサッカー文化が広がっていった。

また1993年は、1980年代から続いてきたバブル崩壊期の最後でもある。

失われた20年――。

「プロ野球は時代を映す鏡」と言われるように、日本経済が低迷するこの間、プロ野球でも地殻変動が起こった。野茂英雄が1995年に近鉄バファローズからメジャーリーグのドジャースに活躍の場を移すと、伊良部秀輝（ロッテ→ヤンキース）や長谷川滋利

（オリックス→マリナーズ）、佐々木主浩（横浜ベイスターズ→マリナーズ）らがその流れに続き、日本のトップ選手が海の向こうを目指すのが当たり前になった。

イチローがマリナーズに入団した２００１年、日本のプロ野球ファンに惜しまれながらフジテレビの『プロ野球ニュース』が20年以上の歴史に終止符を打った。１９７０年代後半から平均20％前後を記録してきた巨人戦のテレビ視聴率は、この年に平均15・１％を記録すると、翌年以降徐々に下降していく。

そして２００４年、プロ野球再編騒動が勃発。読売新聞社の渡邉恒雄主筆の「たかが選手の分際で」という発言など、プロ野球を経営する側の〝傲慢な〟体質がファンによく知られることになった。

この騒動の末、プロ野球では50年ぶりの新球団となる東北楽天ゴールデンイーグルスが誕生。ＩＴ企業を母体とする球団はスタジアムのボールパーク化など、斬新なアイディアを次々に打ち出していった。

同時にプロ野球にスポーツビジネスの波が到来し、母体企業の「広告塔」である球団は赤字を垂れ流すことが当たり前だった時代が終わり、収益を上げようとする球団が増えていく。コアな野球ファンだけでなく、野球女子をはじめとするライトファンにも訴求するようなサービスが様々に始められ、球界全体で観客動員は伸びていった。

またパ・リーグは2006年に各球団が出資し、パシフィックリーグマーケティング株式会社という合弁企業を設立する。パソコンやスマホで見られる「パ・リーグTV」の放映事業や各球団間のビジネスノウハウの共有などを行い、球界では新たなビジネスモデルの下、リーグと各球団の価値を高めることに成功した。

維持不可能になったアマチュアリズム

プロ野球が母体企業の「広告塔」からエンターテインメントビジネスを追求するように変わっていくなか、アマチュア球界は激震に見舞われた。2008年北京大会限りで野球がオリンピックの種目から外されたのである。

1992年バルセロナ大会から正式種目として採用され、1996年アトランタ大会までは松中信彦（元ソフトバンク）や福留孝介（阪神）、今岡誠（現・真訪／ロッテ二軍監督）、井口忠仁（現・資仁／ロッテ監督）などアマチュア選手が出場していた。2000年シドニー大会では国際オリンピック委員会（IOC）の方針でプロ野球選手の出場が解禁され、中村紀洋（元近鉄）や松坂大輔（中日）、田口壮（オリックス一軍コーチ）など8人のプロ選手が日の丸を背負って戦っている。

そして、4年後の2004年アテネ大会では全24選手がプロで占められた。大義名分は「最強の日本代表で金メダルを目指す」ことだったが、アマチュアの選手や指導者には「オリンピックの出場をアマチュアに返してほしい」という声がいまだに少なくない。2020年の東京五輪に向け、「オリンピックをアマチュアに返すべきだ」と主張するプロ野球選手もいるくらいだ。

それでもアマチュア球界がプロ選手に出場を委ねるのは、確固たる理由がある。補助金だ。野球がオリンピックの正式種目である限り、日本オリンピック委員会（JOC）から巨額の補助金が交付されるからである。

近代オリンピックの創始者であるピエール・ド・クーベルタンは、「オリンピックの出場者はスポーツによる金銭的な報酬を受け取るべきではない」とアマチュアリズムを説いたが、1984年ロサンゼルス大会の頃からIOCは商業主義を強め、オリンピックの位置付けも変わっていく。「世界最高の選手が出場する大会」とされ、その後、野球でもプロ選手の出場が認められるようになった。

逆に言えば、アマチュアはメンバー枠をプロに譲らざるを得ない。最高の実力を持った選手たちが出場しない場合、野球はオリンピックで実施する価値をＩＯＣに見出されなくなり、正式種目から外され、ひいては補助金をもらえなくなるからだ。

切り崩される社会人野球の土台

改めて言うまでもなく、スポーツをするにはカネがかかる。規模が大きくなればなるほど、比例して必要なカネも大きくなる。

日本のアマチュア野球が現在のように大きな規模となり、世界でも独特の発展を遂げてきたのは、企業のカネに支えられてきたところが大きい。

第二次世界大戦の敗戦から立ち上がった日本は、１９５４年から１９７３年にかけて高度経済成長を果たした。この間、巨人が１９６５年からＶ９を達成。人々の野球への興味関心が高まっていく。また１９６４年に東京五輪が開催され、スポーツの持つ力が社会で脚光を浴びた。

そうしたなか、大きな恩恵を受けたのが社会人野球だった。世界でも日本と台湾くらいしかない社会人野球という独特の文化は、なぜ生まれたのか。スポーツライターの手束仁氏はＪＳＰＯＲＴＳ電子版の記事「都市対抗野球の歴史を紐解く　第３回：高度経済成長の終わりと都市対抗の円熟期」（２０１４年に公開されたが、２０１９年６月時点では削除）でこう書いている。

「スポーツの普及と活躍が社会の発展に繋がっていくと考えられるようになった。だから、企業は積極的にスポーツチームを保有していくようになった。企業にとっては自社のチームを持っていることは、一流企業の証にもなっていったのだ。その象徴的存在として社会人野球があった」

大きく分けると、社会人野球には企業チームとクラブチームの二つのあり方がある。社会人野球を統括する日本野球連盟（ＪＡＢＡ）に登録する企業チームは１９４９年時点で１９６だったものの、１９６３年には２３７に増加。戦後復興の好景気が続くなか、企業チームは増えていった。「企業にとって野球チームを持つことはステイタスで、都市対抗に出ると株価が上がるという時代もあった」と社会人野球に詳しいテレビ関係者は回顧する。

しかしバブル崩壊期の１９９３年には１４８チームに減り、２０１１年には83チームまで減少した。その裏にあるのは、日本社会の不況と各企業のリストラだ。

都市対抗野球に34回の出場回数を誇る熊谷組は１９９３年に「体質改善３ヶ年計画」

の一環で休部に追い込まれ、同14回のプリンスホテルは2000年に西武グループの経営合理化の一環で廃部となった。さらに言えば日本はグローバル社会の一部であり、リーマン・ショックが発生した後の2009年、日産自動車では野球部を含むすべての運動部が休部となっている。

各企業が社会人野球チームを持つ目的は社員の士気高揚や福利厚生で、年間運営費は数億円とされる。ちなみに都市対抗に出場すると、入場券の購入、試合が土日やナイターの場合は社員に休日手当や残業手当の支払いが生じ、さらに食事券（1日1000円が相場）を配るためなど、総額1億円の経費がかかると言われている。大企業にとってはさしたる金額ではないかもしれないが、言わずもがな、社会人野球チームが存在できるのは本業あってこそだ。裏を返せば、何かあれば削減の第一候補となりやすい。

昨今の日本社会では長時間労働よりも効率的な働き方が推奨され、終身雇用ではなく転職を繰り返しながらキャリアパスを歩むビジネスパーソンが増えるなか、人々の会社への帰属意識は20年前とは大きく異なるものになっている。時代の価値観が大きく変わるなか、社会人野球の存在意義がいつ見直されたとしても不思議ではない。

ここ20年に見られる社会人野球の縮小は、アマチュア球界の土台がいかに揺らぎやすいかの表れと言える。人気絶頂の高校野球も、決して他人事ではない。

小学生年代の主要団体である全日本軟式野球連盟は、高校野球以上に苦境に立たされていくだろう。

第二章で述べたように、子どもの野球競技人口減少の理由としては「野球はカネがかかる」というものが大きい。バブル期と比べ、平均年収が下落する現在では家庭環境が大きく変わった。増加している共稼ぎの家庭やひとり親世帯にとって、学童野球にかかる費用と時間は大きな負担としてのしかかってくる。

全日本軟式野球連盟は運営費をスポンサー料と選手からの登録料に頼っており、競技者数の減少は致命傷になりかねない。業界の規模が縮小されれば当然、スポンサーもつきにくくなる。

興行として行われているプロ野球とは異なり、アマチュア野球はアマチュアリズムの理念上、カネを儲けるのがタブー視される世界だ。しかし、誰かのカネに支援されなければ、存在し続けていくことは難しい。

そんななかで生まれたのが、侍ジャパンだった。

侍ジャパンの本当の目的

第3回WBCで野球日本代表が準決勝で敗退してから7カ月後の2013年11月、「侍ジャパン」が常設化された。以前は「なでしこジャパン」や「火の鳥NIPPON」と同じようなニックネームにすぎなかったが、常設化により「侍ジャパン」に込められた意味は大きく変わった。

2014年春に東洋経済オンラインで筆者が行なったインタビューで、当時NPBで侍ジャパン事業戦略を担当していた荒木重雄氏はこう話している。

「野球にはNPBだけでなく、アマチュアも含め、いろんな団体がバラバラのイメージがあるじゃないですか。全体を鳥瞰して『現状はこうだよね』って議論する組織体もなかったですし。そこにも侍ジャパンの意義があると思っています」

侍ジャパンはフル代表の単なるニックネームではなく、社会人、大学、高校、U15、U13、そして女子代表と、すべての世代の日本代表を包括する組織になった。

野球日本代表「結束」そして、「世界最強」へ——。

このスローガンに象徴される侍ジャパンのミッションは、野球界の様々な課題を解決していくことだった。荒木氏と一緒にNPBで侍ジャパン事業戦略を担当していた前沢賢氏（現・北海道日本ハムファイターズ事業統括本部本部長）は、上記のインタビューでこう語っている。

「僕らはプロだけがよくて、アマが衰退していくことを誰もハッピーだとは思っていません。両方うまくいくやり方が絶対にあると思っていて、循環させましょうよということだけです。アマチュアイズムが必要で、お金儲けできないところは我々がお金儲けすればいいだろうし。我々はお金儲けだけのために存在しているのではなく、いただいたお金を市場拡大のためにアマチュアの方に使っていただけるなら、結果、プロはハッピーですから。プロもファンをつくっていますけれど、競技に一番近くで接するアマチュアの方々がいるからこそ、プロのファンもできてくるわけで。全体を俯瞰してみると、（侍ジャパンの意義として）そういうことが一番重要だと思いますね」

ＮＰＢの構造的限界

学童野球の指導者と話すと、「プロ野球はもっと野球界全体を考えるべきだ」という声を聞くことが少なくない。端的に言えば、一人のプロ野球選手ができ上がるまでには多くのアマチュア指導者が関わっており、プロは選手を抱えて儲けたカネを独占するのではなく、アマチュアに何らかの手段で還元すべきだ、ということだ。

対して、プロにはプロの事情がある。小・中学生年代の競技人口減少、野球ファンの高齢化、一貫性のない指導などに課題を感じていたものの、解決に向けて動く手段が実質的になかったと前沢氏が説明する。

「12球団が課題を認識して克服するには、出口がなかったと思うんです。簡単に言うと、自分たちの球団のファンをつくって、収益を上げて、投資を増やしていく。その循環のモデルがすでにNPBにはでき上がっているんです。

NPBの場合、侍ジャパンみたいなものが常設化されていなかったがために、最後の(課題克服の)アウトプットが見えないんですよね。例えば『何か、こういう普及活動をやりましょう』と言っても、(小・中学生の登録選手数の)数字が上がっていけば何となくやっていることが見えるけれども、野球界全体に対するインパクトが見えにくいというか。(各球団の)アウトプットの出し先が定まっていないがために、バラバラにやることが続いていたんだと思います」

前沢氏の言葉を読み解くと、NPBの各球団には日本の野球界全体のために動きにくい事情がいくつかある。

その一つがフランチャイズ制だ。各球団にはプロ野球地域保護権があり、保護地域内では自球団主催の試合やイベントを独占的に行って利益を得ることができる。逆に言えば、他球団の保護地区で試合やイベントを行う場合、フランチャイズ球団の許可を得なければならない。

２０１７年1月、筒香嘉智（ＤｅＮＡ）が大阪府にある出身チームの堺ビッグボーイズで小学部のスーパーバイザーに就任した際、プロ野球地域保護権を持つオリックスに承諾を得た。仮にオリックスが「ＮＯ」と言えば、神奈川の球団に所属する筒香が大阪でそのような活動を行うことはできない。プロ野球選手がフランチャイズ外で活動するには、たとえ普及振興であろうと乗り越えるべきハードルがあるのだ。

また、プロ野球の収益構造とも無関係ではない。

各球団の収益は入場料や放映権料などホームゲームに軸足を置いており、ファンを拡大するのは基本的に地元が中心だ。東北を球団名の一部に持つ楽天や、九州で唯一の球団であるソフトバンクは、それぞれ東北、九州にファンベースを広げようとしているが、他球団は本拠を置く都道府県に主眼を置いている。そのため、例えば野球教室を行うのが地元になるのは自然の流れと言える。

加えて、株式会社である各球団のミッションは収益を上げることだ。すぐに成果の出にくい普及振興活動は〝金食い虫〟と見られ、積極的に行わない球団もある。

そこで西武の場合、選手に協力を依頼してライオンズ野球振興カードを発売し、普及振興の活動費にあてている。球団職員たちが野球人口減少に危機感を抱き、株式会社の一員として課題解決に動くために知恵を使った格好だ。

球界のなかでも特に精力的に取り組む西武を筆頭に、プロ球団による普及振興活動を見ていると、資金、人、そして知名度のある彼らにはやはり大きな力があることがよくわかる。

しかし、全国にプロ野球があるのは11都道府県にすぎない。残りの36府県をカバーするには、NPBとは異なるモデルが必要になる。

球界の壁を破る侍ジャパンという仕組み

そうした意味でも、侍ジャパンの常設化は画期的だった。侍ジャパンの枠組みを活用すれば、NPBができない範囲を様々にカバーすることができるからだ。

プロ野球を統括する日本野球機構（NPB）は一般社団法人だ。株式会社と異なり、一般社団法人は収益を拡大するための組織体ではない。営利を目的としない「非営利」法人だ。利益を上げても問題ないが、利益を社員に分配することはできない。

ＮＰＢの場合、各球団が毎年会費を支払い、運営費にあてられる。２０１０年までは７０００万円で、２０１１年から1億円に上げられたが、２０１３年から１０００万円に下げられた。

ライターの広尾晃氏のブログ「野球の記録で話したい」の記事「ＮＰＢは〝50億円企業〟―野球史」（２０１５年12月23日）によると、ＮＰＢが毎年発表している事業収益の項目に、２０１３年度から「野球運営事業収益」が追加された。これが表す内容について、広尾氏は「おそらくは株式会社化された『侍ジャパン』の興行収益から９・６億円が支払われているのだろう」と書いているが、この見立ては正しいと思われる。ＮＰＢの公式ホームページにある「平成29年度事業報告書」の《収益事業等》には、公式戦（オールスターゲーム）や日本シリーズの開催に加え、「国際大会に関しては、初開催となったアジアプロ野球チャンピオンシップの開催、２０１８年3月日本代表強化試合（対オーストラリア）を実施しました」と報告されており、侍ジャパン事業はＮＰＢにとって新たな収益の柱となったことがわかる。

侍ジャパンを運営する株式会社NPBエンタープライズは2014年11月、NPBが3000万円、12球団がそれぞれ500万円を出資して設立された。当時のNPBコミッショナーで同社社長に就任した熊崎勝彦氏は「(NPBの)収益拡大とともに、日本の野球振興にも波及効果をもたらせる」と話している(「産経ニュース」2014年11月2日)。

侍ジャパンという枠組みは、NPBではできなかった取り組みを可能にした。例えばプロ野球には興味が薄くても、日の丸を背負う侍ジャパンなら応援するというファンもいるはずだ。そうした人々を取り込めれば、野球市場の間口を広げられる可能性がある。また国際試合などの侍ジャパン事業で収益を上げ、全国の子どもたちへの普及振興の費用に回すこともできるようになった。

上記を含めた侍ジャパンの意義について、前沢氏はこう説明している。

「今まではトップチームだけを侍ジャパンと言っていましたが、アマチュアの高野連を含め、(アマチュア球界を統括する)BFJなどの方々とお話しして、(各世代の日本代表を)一気通貫で侍ジャパンと呼んでユニフォームも統一しました。ゆくゆくはいろんな強化・育成システムを共同でできるような土台をつくっていきましょうという話し合いがすでにスタートして、方向性を定めようとしているところです」

「日本の野球界」という、あるようでなかった枠組みができたのは極めて価値がある。前沢氏の言うように、強化・育成を長期的視点で考えられるようになったことも理由の一つだ。

一方、アマチュアの各年代にとって金銭的な恩恵も大きい。例えば国際試合は、悪い言い方をすれば〝コストセンター〟だった。外国で行われる大会に出場する場合、巨額の遠征費がかかる。それを侍ジャパンに負担してもらえるようになったのは、2008年限りでオリンピック競技から外れてJOCから補助金が打ち切られたなか、渡りに船のような話だ。

長らくバラバラに活動してきた野球界が「結束」し、侍ジャパンが誕生した背景にはこうした事情も絡んでいた。

2021年以降は「何も約束されていない」

2013年11月に侍ジャパンが常設化されてから5年以上が経つ。果たして、その成果はどれくらいあっただろうか。

野球日本代表の存在感が高まり、２０１７年に行われた第４回ＷＢＣの２次ラウンドのオランダ戦では平均視聴率25・２％を記録した（ビデオリサーチ調べ、関東地区）。

プロ野球の各球団がＮＰＢへの年会費を年間９０００万円減少させられたことを考えても、着実に収益を上げている。野球興行の運営会社としては成功していると言えるだろう。

ただし、スローガンに掲げる「世界最強」という目標は成し遂げられていない。フル代表は第４回ＷＢＣで準決勝敗退。２０１８年の第２回ＷＢＳＣ　Ｕ23ワールドカップでは決勝で敗れた。同年の第12回ＢＦＡ　Ｕ18アジア選手権では銅メダルに終わっている。

侍ジャパンが常設化されるにあたり、「強化・育成システムを共同でできるような土台をつくっていきましょう」という各年代による話し合いはうまく進まず、２０１９年現在、何もできていない。各年代のチームが年に１、２回集まり、ただ合宿や試合を行うだけでは「世界最強」を目指すことなどとても不可能だ。そもそも「世界最強」が意味するものは曖昧で、日本の野球界が何をゴールとし、どんな理念の下で活動するのかさえ打ち出されていないのが現状である。

現在の侍ジャパンは常設化された当初の理想を脇に置き、いわゆる「興行会社」になっているようにしか見えない。さらに言えば、フル代表は2020年に開催される東京五輪での金メダル獲得を絶対目標としているものの、その先はどこに向かうのだろうか。日本野球界の「NF」である全日本野球協会（BFJ）の会長で、侍ジャパンの強化部長を務める山中正竹氏は2018年9月、筆者の取材にこう答えた。

「我々がそんなことを考えないといけないのだろうと思いますけど、2021年WBC以降の侍ジャパンは、具体的には何も約束されたものではない」

オリンピックは2020年東京大会の後、4年後にパリ、その次はロサンゼルスで開催される。パリ大会では野球が正式種目から外される決定がされており、そうなるとJOCからの補助金は再びゼロになる。

またメジャーリーグによって運営されているWBCが、今後続いていくかも不透明だ。目玉の国際大会が二つもなくなった場合、侍ジャパンに果たして存在価値があるかは極めて微妙と言える。

それは、プレーするプロ野球選手から見ても同じだろう。フル代表の選手が受け取っている日当は数万円で、故障に対する補償さえ決められていないという。もちろん侍ジャパンの試合で故障した場合は相応の措置が取られるが、代表戦に出場した負担が原因でペナントレース中の故障につながることもあり得る。さらに言えばシーズン開幕前にWBCのような緊張感の高い大会に出るのは負担が大きく、シーズン中の不振につながるリスクもある。こうした〝線引き〟は非常に難しく、総合的に考えて、侍ジャパンへの参加を辞退する選手はこれまでも少なくなかった。

日の丸を背負い、日本のトップが集まって戦うことに価値を見出す選手がいる一方、プロ野球選手の本業はペナントレースだ。侍ジャパンはオリンピックやWBCという外部要因に頼らなければ、その価値を大きく低下させる。現在のように興行的価値しか示すことができなければ、2021年以降、真価を問い直されることになるだろう。

もっともプロ野球は、本気で考えれば、侍ジャパンがなくなってもいくらでも他に財源をつくれるはずだ。問題は、アマチュア球界をいかに〝自立〟させていくかにある。

持続可能な野球界に構造転換できるか

JOCは東京五輪後、各競技団体への補助金を減らす方針を明らかにしており、すでに〝自立〟度を高めようとしている団体もある。太田雄貴会長の日本フェンシング協会や、北野貴裕会長&皆川賢太郎常務理事の全日本スキー連盟などだ。

対して野球界は、方向性が定まっていない。BFJの山中会長はこう語る。

「『オリンピックの種目でないからお金(補助金)はまったくつきません』となることによって、『振興、普及、強化のお金はゼロです』となるという、ここの組織の財政的な脆弱さもあります。『そこ(補助金)に頼っていていいのか』という考え方の人もいっぱいいるし、『いや、BFJはお金を稼ぐ場所ではないですから』と言い続けていた人もいます」

先述したようにBFJはオリンピックに出場するために必要となって設立され、他競技のNFとは性格が大きく異なる。山中会長が続ける。

「JABA(日本野球連盟=社会人野球を統括する組織)なり学生野球なり軟式野球なりの連盟があって、その人たちがお金と人を出し合って、JOCやIF(インターナショナル・フェデレーション=国際連盟)につながる代表組織としてNFがある。『あなた方が(日本野球界を)統括する組織ではないですよ』というのが発足時の決め事のようなものです。普及振興や技術の強化、全体を包含するようなシステム構築はみんなでやらないといけない。でも、『後のことは我々のところに干渉しないでください』というのがあるだろうと。もちろんそれぞれ学生野球と軟式野球、社会人野球は歴史も理念も違うから、その独立性やその立場は絶対侵すことはできないだろうと思います」

戦後の高度経済成長期やバブルの頃、野球界は企業や国のカネに支えられてきた。各組織は十分なカネを与えられ、運営者たちは資金繰りの心配をする必要などなかった。しかし時代は大きく変わり、黙っていてもカネが降ってくるような環境はもはやない。自分たちで稼ぐことができなければ、東京五輪の後、存続していくことは不可能だ。

山中会長は、BFJには自給自足できる仕組みづくりが不可欠だと考えている。

「BFJの定款には、『カネを稼いじゃいけません』なんてありません。事業をさらに発展させるために、こういう事業をつくるんだということがあってもいい。そうしたことが定款に書かれていないのであれば、定款を変えればいいわけです。

特にお金の問題は、アマチュアの世界が一番嫌っていたことなんですね。そういうイメージをつくっていたところもあるし、世間もそうだと思っていたところがある。だけどスポーツ以外の世界に携わっている人たちも、みんなカネがなければ生活できないわけです。野球の組織が生活していくには、やっぱりお金がなければいけない。それは決して卑しいものでもなんでもなく、普及振興、強化、施設の充実、ファンの拡大のために回していく。『お金を循環させていくことが、あるべき姿ですよね』という理解をさせる努力もしていかないといけないと思います。

これまでは『アマチュア野球がカネを稼ぐなんて』というイメージもあり、それでもやれていた時代が今までででした。ひょっとしたら、もっと早く自分たちで稼ぐようにしていれば、野球界は今よりもっといい形になっていたかもわからない。今考えるタイミングになっているのは、幸か不幸か巡り合わせだと思います。世の中がものすごい勢いで変わっているのに、野球の世界だけ変わらないはずがないので」

山中会長の言うように、野球界にも持続可能な仕組みが不可欠だ。自立できる収入源をつくらないと、今後、確実に先細りになっていく。

本章で述べた高校野球や社会人野球以上に、変革に待った無しなのが小・中学校年代だ。彼ら自身が興行を行うのは現実的でないが、例えばＢＦＪマーケティングのような枠組みをつくり、高校生や大学生、社会人となった〝元・小・中学生選手〟の生み出したお金を還元していけるような方法を見つけ出す必要がある。このまま子どもの野球離れが進んで小・中学生年代がシュリンクしていくと、その影響は確実に、高校、大学、社会人、そしてプロへと及ぶのだから。

第五章　学童野球の闇

甲子園球場で夏の高校野球の熱戦が繰り広げられる8月中旬から下旬、神宮球場では「小学生の甲子園」と言われるマクドナルド・トーナメント（高円宮賜杯全日本学童軟式野球大会）が毎年開催されている。

2017年8月、この大会を主催する公益財団法人全日本軟式野球連盟（全軟連）の宗像豊巳専務理事を神宮球場に訪ねた。球界関係者が訊く度、頑なに返答を拒み続けているという質問を直接することが目的の一つだった。

全日本野球協会によると、小学生の野球人口は2007年に31万5136人だったが、2016年には25万5332人と19％減少した。

しかし、この数字はあくまで〝目安〟にすぎない。全軟連は「チーム数×20名が登録人数の目安」として正確な選手数を発表していないからだ。上記で1桁まで人数が出ているのは、全軟連にはチーム加盟せず、スポーツ少年団（公益財団法人日本体育協会の管轄）に登録するチームなどの数字が含まれているからと考えられる。

全軟連によると、学童の登録チーム数は１９９０年に１万７０８９だったところから２０１７年には１万１７９２チームと急激なペースで減少している。野球人口減少の対策を打つためには正確な数字を把握することが不可欠だが、なぜ、全軟連は登録人数を明かさないのだろうか。

「我々は個人登録より、一つのサークル活動として動けるような団体登録を行なっています。競技者数だけを強調しちゃうと、連盟に携わっている役員が、競技に対する自分の士気を低下させてしまう可能性がある」

宗像専務理事の回答は極めて曖昧だった。１チームの人数が20人に達していないから、正確な競技者数を公表できないのではないだろうか。

「実際、減ってきています。今まで20名だったのが、１チーム10名とか15名になってきている。でも、今年はたまたま15名だった、来年になったら20名になるかもしれない。なるべく希望的な観測を上限において、それに近づいていく。１チーム９名とか10名になると、だんだん先細りになる。なるべく正面に出せる数字としては、チーム数、団数とか。ただし、うちの方としては当然、競技人口は捉えている」

全軟連の他の職員に確認すると、「数年前に調査して正確な人数を把握している」と答えた。全軟連の傘下にある群馬県軟式野球連盟の高地康男理事長は、県内各市町村の支部から正確な人数を上げさせ、県内全体の数字を全軟連に報告しているという。

全軟連のその職員は、正確な人数を発表しない理由をこう説明した。

「日本高野連やNPBにマーケティングの材料として利用されたくないからです」

腑に落ちない答えだが、その背後には軟らかいボール（軟式）は硬いボール（硬式）より下だと見られ続け、球界で不遇な扱いを受けてきたという業界事情がある。

プロや高校の陰に隠れる学童野球

全軟連は2013年、日本野球界のNF（ナショナル・フェデレーション＝国内競技連盟）にあたる全日本野球協会に加盟したが、野球界で置かれた状況は加盟前とさほど変わっていない。彼らのフラストレーションは、宗像専務理事の以下のコメントからよく伝わってくる。

「我々には興行もなければ、何もない。チームの登録料でメシを食っている団体です。

日本高野連、日本野球連盟（JABA＝社会人野球を統括する組織）、NPBみたいに興行を持って運営しているところは羨ましいと思う。しかし、我々はそういうところ（の選手）をつくるための学童野球を行なっていると逆に彼らも認識して、理解してほしい。『我々（全軟連）がそれ（選手育成）に対してやっていきますよ』と（野球界全体が）お互いのコミュニケーションをとれれば、また変わってくる。でも、そこまでまだ行っていない。なぜ行っていないかと言うと、（野球界は）自分のところは自分で守ろうというので精一杯。全日本野球協会で理事会や委員会をやっても、日程調整とかは議論するけど、『少子化対策、チーム減少をどうするか』というのは残念ながら議題になりません。本当は団体同士で考えないとダメなことです」

日本高野連やNPBがメディアやSNSで批判されることは珍しくないが、これまで学童野球の主要組織である全軟連が俎上に載せられることはほとんどなかった。息子や娘が学童野球に関わる家庭にとっては自分事であっても、そうでない野球ファンにとっては他人事で、興味関心の対象になりにくいからだろう。

しかし、「学童野球こそ、日本野球界の最大の闇」と指摘する関係者は少なくない。筆者は2017年夏から3カ月ほど取材して回ると、その実態に驚かされた。

学童野球にまつわる〝大人の事情〟

学童野球には大きく、全軟連とスポーツ少年団（公益財団法人日本スポーツ協会が統括）という二つの運営団体がある。

以前は片方の団体にしか加盟できなかったものの、全軟連の宗像専務理事によると、2013年から二重登録が認められるようになった。ただし実情としては、「99％のチームが二つとも加盟する」（群馬県スポーツ少年団軟式野球部会の関口善三郎会長）という群馬県のように両者の関係性が比較的近い県もあれば、そうでない地域もある。

埼玉県所沢市は後者だ。1975年に創設された所沢市少年野球連盟は創設当初からスポーツ少年団に加盟する一方、朝日新聞に後援されて独自の大会も行ってきた。中井正勝理事長によると2017年時点で所沢市には約30の学童野球チームがあり、そのうち8チームは所沢市少年野球連盟に加盟せず、全日本軟式野球連盟の傘下で活動している。以前は同じ組織で活動していたものの、方針が合わなくなったチームが脱退した。

こうした背景にあるのは、縄張り争いなど〝大人の事情〟だ。それに、純粋に野球を楽しみたいだけの子どもたちが巻き込まれている。所沢市のある学童野球チームの関係者がこうこぼした。

「マクドナルド・トーナメント（高円宮賜杯）という国と関連している行事に、我々は参加すらできません。『所沢には事情があるからしょうがないよね』と納得したフリをしている。『その代わり西武沿線という大きい大会を用意したんだから、いいよね。くりくり少年野球という全国大会があるからいいよね』とされています。ただし東京の有名なチームには、『おかしいよね。君たちのチームはこんなに強いのに、なぜ出てこないの？』と言われています」

「小学生の甲子園」と言われるマクドナルド・トーナメントは全軟連が主催し、加盟するチームしか参加することはできない。その点で全国の高校球児が憧れ、全員が目指すことのできる甲子園大会とは大きく意味合いが異なっている。

所沢市少年野球連盟の加盟チームは「小学生の甲子園」を目指すことができない一方、西武沿線少年野球大会（２０１７年は１９２チーム参加）が用意されている。さらに、くりくり少年野球（２０１７年は40チーム参加）という全国大会もある。ともに決勝の舞台はメットライフドームだ。

西武沿線少年野球大会に出場する子どもたちはプロ野球選手と同じ舞台に立つチャン

スに恵まれるなか、その裏で保護者たちはある〝負担〟を強いられている。

大会に出たければ新聞を購読せよ！

プロ野球や高校野球と同様、学童野球も新聞社と密接な関係がある。

例えば全軟連は全国新聞社事業協議会（共同通信社に加盟する地方新聞社45社の事業部門と共同通信社が加入している組織）と東京新聞から、2017年度には270万円の協賛金を得ている。

前述した西武沿線少年野球大会は読売新聞の共催、くりくり少年野球は毎日新聞の主催だ。さらに各地方には、地元新聞社に支えられる大会がいくつもある。

新聞社が学童野球の模様を報じるのは、もちろん購読につなげようという狙いからだろう。需要と供給が合えば健全な関係と言えるが、そうでない場合もある。

先述した所沢市の学童野球チームの関係者が、西武沿線大会にまつわる裏事情を説明する。

「『西武沿線大会に出場するチームは何カ月新聞をとってください』と言われ、参加申込書と一緒に出さないといけないんです。出さなくてもペナルティはないけど、『それをみんながやったらどうなりますか』と言われたら、出さざるを得ない。新聞社からお金を引き出さないと、大会運営ができませんからね。新聞社もこれだけ購読者が減っていますし。でも、スポンサーの存在は私のような古い人間にとって当たり前ですが、新しく入ってきたお父さん、お母さんは『なんで野球をやるのに新聞をとらなければいけないの？』と言っています」

なぜ、学童野球の大会に出るのに新聞を購読しないといけないのか。所沢市少年野球連盟の中井理事長に尋ねると、こう答えた。

「それだけのサービス（メットライフドームでの試合機会＝決勝・準決勝など4試合と開・閉会式、新聞での報道など）をしていますから、『協力してください』と言います。（新聞をとるのは）永久じゃないですからね。半年とか3カ月、協力してくださいよと。それがないと、メットライフドームを借りるのはものすごく高いですからね」

大会に出場する代わりに新聞を購読させられるのは、西武沿線大会に限った話ではない。群馬県スポーツ少年団軟式野球部会の関口会長によると、地元紙の上毛新聞に後援される群馬県でも同様のことがあったという。

また新聞社絡みではないが、あるドーム球場で開催される大会に出場するためには、そこを本拠地とするプロ野球チームのファンクラブへの加入を求められることもあるという。

〝大人の事情〟のツケは子どもたちに

学童野球を取り巻く〝大人の事情〟は、保護者に金銭的負担を強いるだけでなく、子どもたちに過度な肉体的負担をかけている。

学童野球では全軟連、スポーツ少年団の主催する全国大会や各都道府県・地区予選に加え、地域独自の大会や団地連盟などの諸大会も行われている。そのなかには地元企業や商店に後援される大会もあり、主催団体は金銭的に支えられる反面、子どもたちは多くの試合をこなすことが求められる。多いチームでは、年間試合数が100を超えるところもあるほどだ。

この試合数がいかに常軌を逸しているかは、カレンダーに当てはめてみるとよくわかるだろう。プロ野球や高校野球と同じく、学童野球にも基本的に冬のオフシーズンがある（青森県のように室内施設が整い、1年中試合をしている地域もある）。

オフシーズンが3カ月あると仮定すると、残りすべての土日を費やしても、1日1試合では100試合を消化することはできない。土日の連戦やダブルヘッダーは当たり前で、1日に異なる大会をはしごしているチームもある。

身体がまだ成長途中の小学生にとって、軟骨のうちに投げすぎると肘を痛めるリスクが高くなる。読売新聞オンラインの「4割が痛みを経験…野球少年を悩ます『野球肘』とは」（2017年9月28日）という記事のタイトルが示すように、肘に痛みを抱えたことがある子どもたちは40％にのぼるというデータもある（この数字がいかに異常かは第六章で詳述する）。

こうした現状に対し、群馬県スポーツ少年団の関口会長、群馬県軟式野球連盟の高地理事長ともに「大会や試合が多すぎる」と口をそろえた。チームの監督には選んで出場するように伝えているという。

しかし、現場の指導者たちには異なる言い分がある。

神奈川県横浜市青葉区を中心に活動するヨコハマナインの雑賀克英総監督は、「子どもたちは試合をやりたくてしょうがない」と話した。横浜市少年野球連盟の青葉支部では12月15日から翌年1月まで対外試合禁止という規定がある一方、市内の他支部にそうした決まりはない。上記期間に行われる6年生の大会に青葉区のチームは出場できず、他の区から「なんで青葉区は大会に出てこないのか、お前らのために試合が組めないじゃないか」と言われているという。同じ市内でさえルールが統一されていないことに、雑賀総監督は不満を抱いている。

京都で年間100試合ほど出場している葛野ジュニアスポーツ団の八尾浩二元監督は、「出たくない大会でも連盟とのお付き合いがあるんです」と打ち明けた。「練習というより試合が多く、土日はほぼ試合をしているような状況」のため、平日の2日を練習日にあてている。〝A連盟の大会だけ出て、B連盟の大会には出ない〟という決断をしにくいのは、一般社会の人付き合いのなかでもよくある話だろう。

各チームにそれぞれの事情があるのであれば、子どもたちに過度な負担をかけさせないためには、統括する立場の連盟が規制すればいい。

しかし群馬県スポーツ少年団の関口会長、群馬県軟式野球連盟の高地理事長に「大会や試合数の見直しを行えばいいのではないか」と尋ねると、両氏とも「できない」と即答した。それぞれの組織には独自の歴史や伝統があるから変えにくく、前述したように新聞社との絡みもあるからだろう。

大人の事情を優先するあまり、まだ小さな子どもたちの身体に過度な負担がのしかかっているという現実は、学童野球にとって本末転倒と言わざるを得ない。

県大会に出るための負担

「〝あれ〟が高くて、県大会に行きたくないという声もあるんです。せいぜい1万円か5000円、できればなくしてもらいたい」

群馬県野球連盟太田支部の鈴木武夫理事長は、そうこぼした。〝あれ〟とは、県大会に出場するチームが負担する広告費のことだ。

全軟連の運営は大きく、日本マクドナルドらスポンサーによる「協賛金収入」、ボールやバットなどの「検定料収入」、そして「会費収入」によって行われている。全軟連のホームページに掲載されている「平成30年度収支予算」を見ると、協賛金収入は1億420万円でそのうち日本マクドナルドから5000万円が支払われている。会費収入は6390万円（一般が3580万円、少年が1760万円、登録会費が1050万円）、検定料収入は7245万円だ。

全軟連に登録する各チームは各市区町村の連盟に登録費（会費）を納める。太田市の場合は1チーム年間1万5000円だ。加えて大会参加費として一般（いわゆる大人の草野球）が1チーム1万2000円、少年は1チーム1万1000円を支払う。これをそれぞれの市区町村が都道府県連盟に上納金として納め、それが全軟連に渡る。

こうした仕組みのなかで、一部で問題視されているのが都道府県大会から発生する広告費だ。群馬県の場合は2万円の大会参加費に加え、最低2万円の広告費を求められる。大会パンフレットの後ろのほうのページが広告スペースにあたり、出場チームくらいしか読む者はいないにもかかわらずだ。「近所の八百屋さん、地域の修理工場屋さんなど、各チームに探してきてもらっています」と高地会長は言うが、近年はスポンサーを見つけるのが難しく、自己負担して「頑張れタイガース！」などと掲載するチームが半分くらいあるという。

高地理事長によれば球場の使用料はさしてかからず、主な使途は審判への費用だ。交通費と弁当代に加え、1人につき1試合2000円の謝金を払う。1試合をさばくのは4人だから、計8000円の支出だ。1日に4試合行われ、一人の審判は3、4試合担当する場合が多いという。

一見、大した金額だと思われないかもしれないが、学童野球では1試合2時間もかからず、時給1000円以上と見積もられる。ちなみに中学硬式のボーイズリーグは弁当付きで1日1500円（責任審判はプラス1000円）だ。少年野球は1日6000円から8000円になるので、倍以上もらっている計算になる。

「俺の知っている範囲では、30年前から同じ金額だと思う。昔にしたら（金額的に）良かったのかもしれない」（高地理事長）

広告費の負担から「県大会に出たくない」というチームの声があるのに対し、高地理事長は「広告費がなければ、参加費を4万円にしないと大会をできなくなる」と言う。

一体、何のため、誰のために県大会は開催されるのだろうか。

全軟連の変われない体質

学童野球の闇として指摘されるのが、運営団体の機能不全だ。

学童野球の各チームと同じく、全軟連の傘下にある各都道府県や市区町村の連盟もボランティアによって支えられている。携わる人々の献身的な姿勢には頭が下がる一方、組織運営上には課題がある。ボランティアとして各連盟の運営に携わるのは、どうしても高齢者が多くなりがちなことだ。

例えば大会を運営する際、担当者は朝早く球場に行って鍵を開け、試合がすべて終わったら鍵を閉めて返却しなければならない。一日がかりの仕事になりやすく、働き盛りの若者や中堅は携わりにくいのが実情だ。そうして運営サイドの大多数を高齢者が占め、新しい考え方が入りにくいという悪循環が学童野球の世界では続いている。

そして問題視されるのが、全軟連のガバナンスだ。

全軟連は関東や関西、北海道など全国9ブロックに分かれ、それぞれの地区が全軟連に理事を送り込んでいる。全チーム数の3分の1が所属する関東は強い発言力を持ち、その中心が埼玉県野球連盟の程塚孝作会長だ。社会人野球の審判などとして活躍し、2017年に旭日双光章を受章した。程塚会長は、全軟連の内情をこう指摘する。

「難しいのは、全軟連があって（その下に）関東、関西など各ブロックがあってと組織が一本化されていながらも、その組織をうまく全軟連が活用できていない。それだけの統率力を全軟連が持っていないということです」

全軟連に常駐する職員は10人に満たず、都道府県や市区町村という下部組織に目を行き届かせるのは難しい。加えて各チームから会費を集めてくるのは下部組織であるため、トップダウン式ではやりにくいという事情もある。

さらに各都道府県連盟の理事は無償なのに対し、公益財団法人である全軟連の理事には給料が支払われている。それは職務に応じた権利だが、全軟連の専務理事は2年交代で、職に就き続けるには選出権を持つ各ブロックのバランスをうまくとる必要がある。つまり、思い切った改革をしにくい構造になっているのだ。

第二章で見てきたように時代の価値観や学童野球を取り巻く環境が以前とは大きく変わりゆくなか、全軟連は構造上、大胆な施策や改革を行いにくい。そうした姿勢が現場の指導者や保護者には不満に映る。

一方、全軟連の宗像専務理事にも言い分がある。2009年に57歳で就任して以来、野球界特有の難しさを感じてきたという。

「長い歴史を重ねた組織であればあるほど、(変革に)時間が必要なのは確か。野球界で60歳は若造。70歳になって、初めて人間らしい捉え方をしてくれる。(一般社会とは)世界が違うんです。そういうなかで改革していかないといけない。いくらいい戦略をつくっても、実行するのは市町村(の連盟)だから。そこが野球界はすごく封建的。それが現実の問題です。だから役員の若返りを要求したい。女性も入れていく。いろんな委員会をつくって、効果を上げていく。(指導者)ライセンスの3年計画を最低でもやらないと、軟式野球の将来は難しい」

改革の第一歩

筆者が2017年夏に「NewsPicks」で行ったインタビューで、宗像専務理事は3年以内に指導者ライセンス制度を導入すると明言した。全軟連が傘下の組織にガバナンスを持つと同時に、現場の指導者たちの意識を変えていかなければ、学童野球に明るい未来はないからだ。

そこにつながる動きとして、2018年2月、同年夏の全国大会から投手に1日70球以内の球数制限を導入すると発表された。地方大会には1年の猶予期間を設けるが、導入可能な場合は順次実施する。

同時に、以下のガイドラインも作成された。

（1）練習での全力投球は野手も含めて1日70球以内、1週間で300球以内とする
（2）練習は1週間に6日以内、1日に3時間を超えないこととする
（3）試合は練習試合を含め、年間100試合以内とする

（2）の「練習は1週間に6日以内」や、（3）の「年間100試合以内」という制限は、いささか多すぎるように感じる。

本書で述べてきたように全国の事情は大きく異なり、全軟連だけでなくスポーツ少年団やその他の大会も行われていることを考えると、統一のガイドラインを導入するための調整は容易でなかったのだろう。理想としてはもっと子どもたちの故障予防に重点を置いてもらいたいが、まずは一歩動き出したことを評価したい。

ただし宗像専務理事も言うように、実行するのは各市区町村の連盟だ。全軟連が傘下組織をしっかり監督するとともに、指導者の意識改革が不可欠になる。

例えば群馬県軟式野球連盟では以前から、故障の予防、勉強時間の確保などを目的として「1日の練習は5時間まで」と規定が設けられている。破ったチームは即監督交代で、高地理事長は過去10年間で3件の処分をしたくらいだという。

しかし太田支部の鈴木理事長に実情を尋ねると、「一口には何とも言い切れない」と答えた。午前中の大会では朝6、7時から活動し、試合を終えた後、午後に4、5時間練習しているチームもあるという話が聞こえてくる。だが、自分の目ですべて確認することはできない。そこでチームの監督に直接尋ねると、「うちはちゃんと守っている」

と口をそろえるという。

ガイドラインや規制を設ける目的は、未来ある子どもたちが故障するのを未然に防ぐことだ。練習過多になると故障のリスクが高まると同時に、野球ばかりして勉強や家族ですごす時間が削られると、人としての成長に悪影響の出る可能性がある。そうなるのは、「スポーツを通じた心身の健全育成」が目的の学童野球にとって本末転倒だ。

そうしたことを防ぐためにガイドラインや規制はあるが、指導者や保護者が目の前の勝利ばかり求めると、練習や登板の制限は邪魔になる。すると、抜け道を探す者が出てくる。例えば全軟連の大会では70球の球数制限に従わざるを得ないものの、他の団体が主催する大会ではそれ以上投げさせたり、練習で無理をさせたりするチームも出てくるかもしれない。

学童野球の現状を考えると、ガイドラインや規制だけで子どもたちを守ることは難しい。長時間練習による野球漬け、登板過多による故障、怒号や罵声がなくならない指導環境などという現状を改善し、学童野球の現場を少しでもよいものにしていくには、未来志向の指導者を一人でも多く増やしていくことが不可欠だ。

第六章　野球村に必要なアップデート

群馬県館林市にある慶友整形外科病院は佐々木主浩や館山昌平（ヤクルト）など多くのプロ野球選手が受診しに訪れ、球界関係者にもその評判をよく知られている。同院に勤務する古島弘三医師は群馬県立高崎高校の野球部出身で、医師として多くの野球少年の治療にあたってきた。

「大まかな視野で見れば、いっぱい練習した子が潰れてプロまで競技人生が届いていません。せっかくの逸材が壊れて、野球をやれていないという現実をこちらはいっぱい見ています。この子たちをどう救うかというところですよね」

慶友整形外科で受診した少年たちにアンケートを記入してもらうと、6〜7割が投手だ。捕手として併用されている子やキャプテンも少なくない。〝うまい子〟ほど投手や捕手を任される傾向があり、周りのチームメイトよりも全力投球を多く行う結果、身体を痛めやすいという不幸が生じている。

ケガ人の多いチームは総じて練習時間が長く、小学生では1日7〜8時間、中学生のボーイズでは10時間も当たり前。なかには朝7時から夜7時まで練習しているチームもある。

野球少年にとって、とりわけ痛めやすいのは利き腕の肘だ。いわゆる「野球肘」と言われる肘関節の障害で、主に外側と内側の症状がある。

外側の骨と軟骨がぶつかって起こる「離断性骨軟骨炎」の場合、慶友整形外科の検診で発見されるのは小学生から高校生世代の3％で、日本全体では2〜8％。内側の靭帯が引っ張られて骨の一部が剝がれる「裂離骨折」は、慶友整形外科では同世代の35％、日本では30〜50％とされる（データは毎日新聞の記事「ドミニカ　少ない『野球肘』背景に日本と異なる指導法」〔2018年4月8日〕より）。

「靭帯を一度損傷したら、きれいに治るわけではありません。正常の靭帯なら緊張してピンと張っていますが、中途半端に治ると緊張がなく、緩みのある靭帯になっていく。そのまま中学、高校と続けて球数が増えていくと、その靭帯はさらに弱くなっていきます。緊張した靭帯でなければ、いずれ破綻してしまいます。

高校や大学で肘を痛めて当院に来るのは、小学校や中学校で1回痛くなったことのある子ばかりです。つまり再発ですね。いくら高校でそれほど投げさせないようにしても、結局痛めてしまう。高校で予防しても遅いということです。逆に小学校や中学校で故障せずに靭帯が正常な状態であれば、高校生くらいになって身体ができてくると、靭帯はそう簡単に壊れるものではありません。一方で高校までに1回壊れた靭帯だとすると、高校ではすでに壊れやすい状態になっています」

成長期の子どもの軟骨には、骨端線（成長線）と言われる線がある。この線が開いているうちは身体が成長中で、軟骨から大人の硬い骨になると骨端線は消えている。

花巻東高校野球部の佐々木洋監督はこうした知識を持っており、教え子の大谷翔平が高校1年時、骨端線がまだ閉じていなかったために練習で過度な負担をかけさせず、然るべき休養をとらせた。そうして、その後の飛躍につながる身体の土台を二人三脚でつくった。

しかし、大人と異なる子どもの身体構造について、十分に知らない学童野球や中学生年代の指導者が少なくない。そのために長時間練習や過剰な登板を課した結果、子どもたちの野球肘の主な要因になっている。

日本人とドミニカ人の身長差

２０１８年1月、古島医師は中南米のドミニカ共和国を訪れた。２０１３年ＷＢＣの優勝国で、アメリカに次いで最も多くのメジャーリーガーを生み出している野球大国だ。ＭＬＢが現地で16～20歳くらいの若手選手を育成しているアカデミーや、中学生年代の現場を見て回ると、日本の同世代と比べて身長の高い子ばかりだった。

「ドミニカの子は、何歳くらいまで身長がよく伸びていますか」

現地の指導者に聞くと、答えは「高校生くらい」だった。

日経デュアルの記事「男児の身長ピークと低身長の原因　早熟過ぎも要注意」（２０１７年3月3日）によると、日本人男子にとって成長のピークは平均で中学1年生頃だ。思春期が終わると、身長の伸びはほとんど期待できないという。だからこそ、ドミニカ人は高校生くらいまで伸びると聞いて古島医師は驚いた。

「日本人は高校生になると、あまり身長が伸びないじゃないですか。成長線に負担がかかりすぎて、早く閉鎖して伸びなくなっているんじゃないかと思うんですよね。

例えば肘で言うと、投げていない側より投げている側では骨端線が早く閉じていく。

負担をかけている側は軟骨が刺激を受けすぎて、早く骨に入れ替わります。伸びるための部分の骨（＝軟骨）が大人の骨になって、身長が伸びなくなるということです」

最初は人種の特徴による差かと想像していた古島医師だが、それ以外の要因も大きいことがわかった。

ドミニカでは1日3時間ほどしか練習せず、小学生年代では試合形式で野球の楽しさを覚えていく。本格的にプロを目指して練習を始める中学生年代でも、投げすぎるようなことはない。子どもたちの目標は16歳になったときにＭＬＢ球団と契約することで、指導者たちは故障させないように細心の注意を払っている。

翻って日本では「上達するには、とにかく練習量が大事」と考えられ、子どもの頃から長時間練習が行われた結果、肘や肩を痛める子が多くいる。故障で投げることや打つことができない場合、指導者は「走っていろ」と命じがちだ。そうして膝を痛めるという悪循環などで、日本人はポテンシャルほど身長を伸ばし切れていないのかもしれない。

「ＮＨＫニュース　おはよう日本」のサイト内の記事「伸びが止まった⁉　日本人の身長」（２０１７年4月1日）によると、成長期に身長を伸ばすために必要な要素は「栄養・睡眠・運動」だ。適度な運動は成長ホルモンの分泌を促す一方、過度に行うと逆効果になる。そこで子どもたちが来院すると、古島医師は「休みなさい」とアドバイスしている。

「『普段は運動に使われているエネルギーが、休むことによって身長が伸びるところに使われるよ』と話して休ませます。実際に休んだら、たった1カ月で1センチや1・5センチ伸びたという子が多いですね。『野球では身長が高いほうが有利だよね』と言うと、親も子どもも休むことに罪悪感を感じなくなります。『今は休む時期だよ。ここで背を伸ばしておかないと、後になると伸びないよ』と精神的な焦りをとってあげて、『十分休ませて』と言っています。

逆に練習時間が長いなかで効率的な練習をやっているかというと、そうではありません。『10時間の練習時間のうちで走っている時間はどれくらいあるの?』と聞くと、『3時間くらい走っている』と言うんです。『そんなに走ったら骨端線への負担が強くて成長線が早く閉じちゃうので、身長が伸びないよ』と伝えています」

練習を休むことの意義

ドミニカで小学生から高校生年代の約140人の選手に肘のエコー検査を実施すると、

古島医師にとって驚かされる結果が出た。外側の障害の発症率はゼロ（日本は2〜8%）。日本で30〜50%とされる内側の障害は、ドミニカでは15%だった。

両国で大きな差が生まれる要因として、考えられるのが練習量だ。ドミニカの小学生は週に2、3日、中学生は5日ほどで、1日3時間くらいに限られる。ハードな練習をしている日本より、身体的な負担が少ない。

加えて、休むことに大きな意義があると古島医師は説明する。

「故障させないために大事なのは、1回の投球強度と投球数をここまでと定めたうえで、投球の間隔を空けることです。休むということは、体の組織が修復されることでもあるので。小学生、中学生には投球数の抑制プラス、休養まで考えてあげないといけません。毎日60球投げていたら壊れます。その要素は疲労です。疲労してくると筋肉の出力が上がらなくなるので、靭帯への負担が強くなる。一方で投球と投球の間に休養を入れてあげると、組織の修復とパフォーマンスの回復が同時になされます。大事なのは投球制限プラス、休養の推奨です。

土日で連投し、1日目に80球、2日目も80球という場合、1日目より2日目の80球のほうがリスクが高いんですね。それを1日目に80球にして、次の日は30球までというやり方もあるかもしれないけど、どうすればいいのか大人が考えてあげる姿勢が大事だと思います。例えば投球制限のルールを設けて、『君たちはこれ以上やったらケガするから、我々がここで線を引いてあげている』と、大人が子どもに教えてあげないといけない。子どもはわからないわけですから。それなのに投げたい子どもに大人が乗っかって、『勝つためなら何球でも投げろ』となっているのが日本の現状だと思います」

甲子園を目指す日本、メジャーを目指すドミニカ

ドミニカの現場を見て歩き、古島医師にはとりわけ印象に残ったことがある。日本とは、野球を取り巻く環境がまるで異なることだ。

ドミニカでは野球少年全員がメジャーリーガーを目指し、一攫千金を夢見ている。貧しい家庭が大半で、家族を楽にさせてあげたいというハングリー精神が背景にある。対して日本ではプロ野球を目指す少年がいる一方、甲子園出場が最大目標という高校球児が大半だ。ゴールの異なる子どもたちに、「目の前の試合で勝つ」という同じ短期目標で練習や試合をさせた末、故障で将来の可能性を損ねるというリスクに目を向けない指導者が少なくない。

世代ごとに分断された日本球界の問題点を、古島医師は異国の地で実感した。

「日本では野球の目標設定がみんなバラバラですよね。高校が終わったら野球も終わりでいい子もいっぱいいるし、高校で活躍して大学、プロを目指す子も混ざってやっています。でも、プロに行くための登竜門は甲子園で活躍することになっていますよね。

周りの大人がもう少し、ケガに対しての意識をドミニカやアメリカ並みに持ってもらいたい。アメリカだとケガをさせた指導者は訴えられるわけです。日本とは構図が違うけれど、例えば自分が育てた選手が上の世界に上がっていけば、それなりに契約金が来るというシステムがあれば選手を大事に育てるだろうし。ドミニカはそういうのがありますよね」

ドミニカの中学生年代は「プログラム」というカテゴリーのチームに所属し、指導は無償で行われる。16歳以上になった選手たちがMLB球団と契約を結んだ場合、契約金の10～30%が指導者に渡る仕組みだ。選手を故障で潰しては元も子もなく、コーチたちは長期的視点を持って大切に育てていく。県大会や全国大会は開催されず、目の前の試合に勝つことより、将来大きく羽ばたくことが最大目標として全員に共有されている。

そうした環境からスケールの大きな選手が出てくるドミニカの育成力には、指導者のスタンスも関係しているように古島医師は感じた。

「ドミニカの指導者は選手をリスペクトしています。怒号や罵声が飛びかう日本とは違い、ドミニカの指導者は日本で言う、近所の気のいいおっちゃんが指導しているくらいの接し方なんですよね。たとえ遅刻してきても怒りません。ドミニカ人の誰もが最終目標はメジャーリーガーになることと思っているだろうけど、指導者が『早くうまくなれ』とプレッシャーを与えることもなく、今は野球が好きになることが大事だという環境をつくっています。だからこそ子どもたちはのびのびとプレーして、たとえ失敗してもそれを失敗だと思わず、どんどんチャレンジ精神で走っていく。指導者の立会い方次第で、こんなに子どもたちの様子が変わるのかと感じました」

アマチュア野球にはびこる勝利至上主義

日本では近年、勝利至上主義の是非が問われている。

前提として、スポーツをやる限り試合で勝利を目指すのは当たり前だ。勝利至上主義の問題は、「勝つためなら何をしてもいい」と考える者が出てきて、スポーツの原点が損なわれかねないところにある。

2007年から2014年までロッテの投手としてプロ野球で活躍した荻野忠寛氏は、2015年から社会人野球の日立製作所で2年間プレーした際、アマチュア野球に根深い勝利至上主義の問題点を痛感した。

「まだこんな野球をやっているのかと感じました。自分がプロで学んだことをアマチュア野球に還元しないといけないと思い、プレーをやめて勉強を始めました」

最も衝撃を受けたのは、都市対抗野球のある試合で先発したときのことだ。初回二死1、2塁から打者が振り逃げだと思って1塁に走り出すと、球審はファウルを宣告した。明らかなミスジャッジと思われて日立の監督も抗議したが、判定は覆らない。堂々とした球審の判定を荻野氏は受け入れ、打者に「もう1球勝負できるな」と伝えた。たまたま大学の後輩だった。

しかし、仕切り直しとなった球を本塁打にされた。手痛い3失点を喫した直後、荻野氏は生還した打者に「ナイスホームラン」と声をかけた。そのまま敗れた試合後、この姿勢がチームに問題視された。

「僕は明らかにミスジャッジとわかりました。でもバッターは開き直って、思い切って振ったのはすごいと思います。そういう姿勢を認めず、試合が終わっても『あの球審はあり得ない』とうちのチームは延々と言っていました。僕はミスジャッジも含めて野球だと思います。それを認められないのはスポーツの本質を理解していないからですよ。本来、勝っても負けても評価されるチームをつくるのがスポーツのはずで、その根本にあるのがスポーツパーソンシップの精神です」

スポーツパーソンシップとリスペクト

「スポーツパーソンシップ」は、もともと「スポーツマンシップ」と言われていたものがアップデートされたようなイメージだ。人種や性別、大人と子どもなど二項対立的な枠組みを越える、新たな定義として使われている。

荻野氏は子どもの頃、父親がトイレに張り紙をしていた文章からスポーツパーソンシップについて学び、スポーツをする者なら当たり前の心構えとして実践してきた。荻野氏のホームページ「Tadahiro Ogino Official Website」の記事「スポーツパーソンシップとは」からその説明を抜粋する。

「感情の抑制」

どんな状況においても自分自身をコントロールして、冷静に物事を見るということです。勝ちや成功におごらず、また、負けてふてくされたり、落胆することなく次に備えなければいけません。負けた時、自分の感情を抑えて相手の勝利や成功をたたえ、それに負けないように自分が努力するということです。

「相手に対する思いやり」

相手の素晴らしかったプレーを評価し敬意を持つということです。自分たちがやられて気分が悪いと感じることは相手にもしてはいけません。相手あってのスポーツなので、相手に気分よくプレーしてもらい、それでも負けないぞという気持ちでお互い勝つために全力でプレーします。プレーヤー、審判、観衆、など、ゲームに関わるみんなでいい試合を作っていくということが大切です。

「フェアプレー」

プレーヤー（味方と相手）、ルール、審判を尊重し全力を尽くすことです。スポーツにルールができたのは、暴力をなくすことや、相手と条件を同じにするためや、ルールを作ることにより難易度を上げ、より楽しめるようにするためです。ルールを守ることで、より良い試合ができるようになります。そのルールを運用し試合を円滑に進めるサポートをするのが審判です。

スポーツの競技者には、他者をリスペクト（尊重）する姿勢が求められる。そうでなければ、〝いい試合〟（グッドゲーム）を成立させることはできないからだ。

荻野氏は、日本の野球界にはスポーツパーソンシップが欠けていると感じてきた。

「アマチュア野球は酷いです。例えばヤジもすごいし、サイン盗みもある。楽しそうにプレーしているだけで『真剣味が足りない』と怒られる。おかしいと思いながら、高校のときは指導者に絶対服従でやっていました。でも大学の監督はすごく良くて、これが本来のスポーツだと気付きましたね。プロに入ったら、僕がやりたいような野球がありました。監督がボビー（バレンタイン）だったということもあって」

日本のアマチュア野球は甲子園や都市対抗のようにトーナメント制が中心で、「負けたら終わり」の世界のため、勝利至上主義に陥りやすい。学童野球では大人の指導者が子どもに向かってヤジを飛ばし、甲子園ではサイン盗みの疑惑が絶えずある。スポーツパーソンシップの教育が十分にされてこなかったため、「勝つためなら汚いプレーも辞さない」という風潮が広がってしまった。

対して、ヨーロッパでは近代になってスポーツマンシップ（スポーツパーソンシップ）が大切にされるようになった。スポーツの語源はラテン語の「気晴らし」で、もともと「遊び」として始められた。スポーツパーソンシップがなぜ大切なのかを理解するには、「相手へのリスペクト」について知る必要がある。

日本スポーツマンシップ協会の中村聡宏代表理事は「ＶＩＣＴＯＲＹ」の記事「改めて問う、『スポーツマンシップとは何か？』　今こそスポーツ界で考えるべき原理原則」（２０１７年９月７日）でこう説明している。

「スポーツは相手に勝つと楽しいものですが、一方でその相手がいないと楽しめないのです。それと同時に、相手のレベルやモチベーション、試合への臨み方によっても楽しさが左右される。つまり、自分だけでなく対戦相手もグッドゲームをつくろうとして初めて成立するというのが、スポーツの複雑なところでもあります。自分を負かそうとしてくる、ある意味では自分とは対極であるはずの相手が、スポーツをする上で大切な仲間でもある。ここが非常に重要な要素になります。自分から一番遠い相手すらリスペクトしようというのは、つまり多様性を尊重し、理解しようと努力することにもつながります。そもそも他人を完璧に理解しようとすることはできません。それでも、それを前提にしながらも理解し合いましょう、というのがリスペクトの重要な要素です」

アンリトン・ルールが存在する理由

アメリカで誕生した野球には、「アンリトン・ルール」(unwritten rules) が存在する。文字通り、公式ルールには明文化されていない「不文律」で、相手をリスペクトし、同時に侮辱行為をしてはならないというものだ。この知識が十分でない日本代表は国際試合で何度も顰蹙を買ってきた。

そこで、2018年第12回BFA U18アジア選手権に出場した日本代表選手には、国際経験豊富な日本人講師から下記の説明がなされた(夕刊フジの記事「吉田、根尾を守れ! 清宮も餌食に…異例の『アンリトン・ルール』厳戒説明会で見えた『日本の美徳』と『国際感覚のズレ』」〔2018年8月31日〕より)。

(1) 投手は三振を奪ったときやピンチを切り抜けたとき、派手なガッツポーズをして

はならない

（2）本塁打を打った打者は、打球をゆっくり見送ったり派手なガッツポーズをしてはならない

（3）大差で勝っているチームは盗塁を試みてはならない

（4）大差で勝っているチームは送りバントやスクイズをしてはならない

（5）大差で勝っているチームの打者は、3ボール0ストライクから打ちにいってはならない

（6）大差で勝っているチームの投手は、変化球でかわさず直球でストライクを取りに行かなければならない

（7）大差で勝っているチームの投手は、走者をしつこく牽制してはならない

大差について夕刊フジの記事では「7点差以上が目安」としているが、満塁本塁打で逆転できない5点差という説もある。

いずれにせよ、派手なガッツポーズは相手への侮辱行為と受け取られ、大差での盗塁や送りバント、スクイズは「死人に鞭打つ」ようで卑劣な行為と考えられる。そもそも

野球の原点は、思い切り打って得点を競い合うところにあるのだ。

大会は主にリーグ戦で行う世界各国とは違い、トーナメント中心の日本では「逆転されないために最後まで手を抜かず、全力を尽くす」という考え方がある。日本流のスモールベースボールでは、たとえ大差でも送りバントや小技を駆使し、少しでもリードを広げていくという戦い方もありかもしれない。

ただしスポーツパーソンシップや相手へのリスペクトを知ったうえでアンリトン・ルールを見れば、それがなぜ存在するのか、理解することができるはずだ。

センス＝思考技術

島国のなかで発展してきた日本の野球には、独特な考え方がいくつもある。「野球道」という言葉が象徴的だ。それは決して批判されるものばかりではない。例えば規律を守る姿勢は世界で賞賛されている。

一方で勝利ばかり頑なに追い求めるチームが増えていき、世界の潮流とはあまりに異なる価値観が根付いた点は否めない。そうしてスポーツ元来の価値が蔑ろにされていることに荻野氏は危機感を抱いている。

現役引退後、投球動作などパフォーマンスに関する指導者になろうと考えていた荻野氏だが、前述したようなアマチュア野球の現場を目の当たりにして「そんなことをやっている場合ではない」と痛感した。

「すごい勢いで野球人口が減っているし、そもそもスポーツの価値がすごく落ちています。先にスポーツの価値を上げないことには、どんなに投げ方を教えられたとしても、需要がないだろうなと。スポーツパーソンシップとセンスを磨くことがスポーツ人口を取り戻し、スポーツの価値を上げることにつながっていくと思っています」

荻野氏は2017年末、佐賀県で活動する武雄ボーイズのGMに就任した。監督やコーチにアドバイスする際、大切にしているのがスポーツパーソンシップとセンスだ。

「スポーツパーソンシップは人格形成そのもので、生きていく人格を育てる教育です。センスは生きていく能力を鍛えること。人格と能力の二つが合わされば、どの分野でも生きていける人間をつくり出せると思います」

センスを直訳すると「感覚」という意味で、「運動センスがある」というように使われる。だが、その定義は決して明確ではない。

荻野氏はセンスについて、「物事の捉え方と思考技術」と説明する。

「イメージをつくる技術とそのイメージに寄せる技術の高い人が、『センスがある』と言われる人です。一番わかりやすいのはファッションセンス。こうしたらオシャレだなというイメージを頭のなかでつくり、そこに寄せていけるのがセンスのある人です。
野球で言えば経験や脳、目を使って、どう情報を捉えるか。勉強ならテストに出そうな範囲や自分の足りないところを理解するのが、物事の捉え方だと思います。そうした思考技術は全部の物事に共通しています。本当にセンスのある人が何でもできるのは、思考技術を身につけているからです」

比較対象は〝今までの自分〟

武雄ボーイズは火、木、土、日に練習、試合を行なっている。発足したばかりで実力的には決して高くないが、荻野氏は5年計画でチームを軌道に乗せていくため、監督やコーチに「どうすれば選手がうまくなるかを考えてほしい」と伝えている。
「今の子はユーチューブなどでスキルを高めるための情報をどんどん集められます。だから、欲しい情報を探し出せるような人間をつくったほうがいい。武雄ボーイズの指導者にはいつも、『監督やコーチが選手をうまくするのではなく、勝手にうまくなる選手をつくるのが仕事だ』と言っています。指導者発信でやると選手のためになりません。逆に選手には、『ここに来ても誰もうまくしてくれないぞ。うまくなりたいなら、自分からうまくなれ』と話しています。武雄ボーイズは大人の軟式チームを持っていて、そこから練習を手伝いに来てくれるんですね。『これだけ大人が手伝ってくれるチームはなかなかない。大人をうまく使え』と言っています」

スポーツのあらゆるチームに求められるのは、選手たちがうまくなるための環境だ。そのために大人はどう関わり、子どもにどう取り組ませるのがいいのか。両者の循環をうまく回すためにも、荻野氏はスポーツパーソンシップを理解することが大切だと考えている。選手と指導者がリスペクトの関係にあるからこそ、互いに高め合い、どちらも主体的に成長していくことができるからだ。

100人いれば、100人がセンスを身につけることができると荻野氏は言う。

「大谷翔平やイチローさんクラスになることは不可能だと思いますが、比較対象は〝今までの自分〟。だから絶対できると思います。今までの自分より少しでも成長することを積み重ねることで、上のレベルに行ける。それは価値のあることです。

野球界では体の成長が早いヤツがどんどん評価されて、しっかりした技術やセンスを身につけていても、体の成長が遅いヤツは全然評価されません。本来、もっと長い目で見て評価しないといけないと思います。

野球選手は完全に早生まれが損になっていますよね。同じ学年同士の比較のなかで育って、友だちより下手だと思ってあきらめてしまう。プロ野球選手くらいの年齢になると生まれ月の差は埋まるはずなのに、日本の野球のやり方は早熟を集めているだけなので、早生まれが淘汰されています」

早生まれが不利な野球界

スポーツのあらゆる競技で、「早生まれは不利だ」とされている。4月生まれと3月生まれでは約1年の誕生日の差があり、早生まれは身体の発育上、出場機会が限られやすいからだ。そうして経験の差が生まれ、後れをとりやすくなる。

そんななか、2018年に開催されたサッカーのワールドカップ・ロシア大会では珍しい結果が出た。23人の日本代表選手のうち、長谷部誠（フランクフルト）や香川真司（ベシクタシュ）、川島永嗣（ストラスブール）、大島僚太（川崎フロンターレ）など7人が1月〜3月生まれの早生まれだったのだ。

「僕が早生まれでもプロになれたのは、日本サッカーの取り組みのおかげです」

そう語るのは、2012年ロンドン五輪にU23日本代表として出場した鈴木大輔だ。1月生まれの鈴木はU15の頃からアンダー世代の日本代表に選ばれ、アルビレックス新潟やスペインのヒムナスティック・デ・タラゴナなどを経て2019年浦和レッズに加入した。

サッカーでは国際サッカー連盟によりU20やU17という各世代の大会が2年ごとに行われ、その年齢制限内の上の世代が選ばれやすい。一方で下の世代は選外となって国際経験が積みにくくなるという弊害があり、日本サッカー協会は独自に〝狭間の世代〟の代表チームを編成して活動している。

Jリーガー（J1）全体で4～6月生まれは33・4％、1～3月生まれは18・6％と早生まれの不利は否定できないものの、上記の取り組みなどにより、日本サッカー界は遅咲きの才能を拾い上げて後に大きく飛躍させているのだ（データはニッカンスポーツ・コムの記事「金メダリスト最多は1月生まれ　誕生月調べてみた」〔2019年1月17日〕より）。

翻って野球界は、荻野氏の指摘するように早生まれが圧倒的不利になっている。東京農業大学でスポーツ科学や身体教育学を専門とする勝亦陽一准教授が1965年から1997年生まれのプロ野球選手2238人を対象にした調査によると、4～6月生まれは34％、7～9月生まれは30％、10～12月生まれは21％、1～3月生まれは15％だった（データはベースボール・ギークスの記事「プロ野球での活躍に誕生月の影響あり!?ドラフト前にデータで検証」〔2018年10月13日〕より）。

遅咲きで大輪の花へ

一方で興味深いのは、生まれ月別に個人タイトルを獲得した選手の割合を見ると、4～6月生まれと7～9月生まれはそれぞれの選手数全体の8％だったのに対し、10～12月生まれは13％、1～3月生まれは14％と、より多くの選手が個人タイトルを獲得していることだ。

その要因として、勝亦准教授は3つ考えられるという。

「一つ目は、10月から3月生まれにはプロ野球選手になる子がもともと少なく、4～6月生まれの半分くらいです。少ない中からプロに選ばれた子たちは優秀なのではないでしょうか。

もう一つは遅咲きの子が多いので、小・中学生の頃に酷使されていない。ピッチャーやキャッチャーではなかったという子が結構いるわけです。肩肘の障害がなくて、高校、大学で急にブレイクして活躍する子が大いにいると思います。心も体も燃え尽きていないと言いましょうか。

もう一つは学年のなかであまりうまくなかったとか、体が小さかったとか、ピッチャーではなかったとか、周りをずっと追いかける立場にいたので、自分で工夫しながら『周りに追いつきたい、負けたくない』という気持ちでやってきて、メンタル的に強い選手が多いのではないかと考えられます」

遅咲きの代表例が、35歳でドジャースとマイナー契約した斎藤隆・元投手だ。1970年2月生まれの斎藤は東北福祉大学まで野手としてプレーし、大学の練習中に遊びで投手をしている姿が監督の目に止まって本格的に投手転向した。すると在学中から頭角を現し、プロ入りした横浜ではクローザーなどとして活躍、MLBで7年間プレーした。

そのほかには阿部慎之助（巨人）や菊池涼介（広島）、T－岡田（オリックス）、森唯斗（ソフトバンク）らが早生まれでタイトルホルダーになっている。

補欠ゼロを掲げる日本サッカー

自然のままでは淘汰されやすい早生まれを人為的に拾い上げるか、否かは、競技団体の理念やビジョンに大きな関係がある。

日本サッカー協会はグラスルーツ推進の一環として「補欠ゼロ」を掲げ、チーム全員に出場機会を与えて一人でも多くサッカーを楽しむ人を増やそうと取り組んでいる。世界に通用するエリートを育てると同時に、草の根を広げる活動も行っているのだ。

対して各世代がバラバラの野球界では普及振興の考えが薄く、長期的視点での育成より、基本的に目の前の勝利ばかり追い求められてきた。多くのチームでは早熟の選手が出場機会を得て、エリート選抜型のチーム編成が行われていく。一人でも多くの選手に実戦でのチャンスを与えようとしている団体は、同一大会に複数チームのエントリーを認めているポニーリーグ（中学硬式）と全員出場義務を課すリトルリーグくらいだろう。

野球界がこのまま競技人口を減らし続けた場合、これまでのように大人数からふるいにかける方法だけでは競技レベルを大きく低下させる可能性がある。全体のパイが少なくなれば、一定の基準に見合う選手も比例して少なくなることが考えられるからだ。

そうした意味でも、プロ野球で10月から3月生まれのほうが個人タイトルを獲得している割合が多いのは、非常に示唆的である。荻野氏は「プロ野球くらいの年齢になると生まれ月の差は埋まるはず」と語り、勝亦准教授は早熟の子どもが酷使で潰されている可能性を挙げるが、勝利至上主義は育成面でも弊害になっているのだ。

野球界の各競技団体は「子どもの健全な育成」や「200年構想」を本気で考えているのであれば、早生まれの子や成長の遅い子（非早熟）をいかに大きく育てていくか、日本サッカー協会のように長期的視点で取り組んでいくことが求められる。

野球人生のゴール

野球人口がこのまま減少していくと、少なくなったパイの奪い合いがますます激しくなるだろう。チームの存続には何より競技者が不可欠だ。

逆に言えば、子どもや保護者にはどのチームに入るかの見極めが大切になり、ある意味、選びやすい状況になる。各チームはイスを空けて待っているからだ。

そうした未来を見据え、勝亦准教授は「子どもの頃のスポーツのゴールをどう持っていくか」が野球界の課題だと主張する。

「例えば、勝利至上主義が一つの理念でもいいと思います。『あなたが中学校に上がって野球を続けなくても構いません。ただ、うちのチームは目的に向かって一生懸命やる。その結果として勝つことを目指します』という理念でも、それを選ぶ人がいるならいいと思います。

一番の問題は、例えば少年団は『健全な子どもを育成します』というボヤッとした理念だけでできていて、子どもや親が『何かスポーツをやってみようか』とボヤッと入ってやっていることです。そうなると試合があれば勝ちたいし、子どもは負けると泣いているから、親も指導者も勝たせようとなっていく。それが一番の問題だと思います。だって、大学生は理念のない企業に就活で行きませんよね？　それなのに子どもが少年団に入るとき、親は理念を調べないわけです。

それは結局、少年団は地域の活動の一つとして行われてきて、その形がいまだに続いているからです。だからこそのボランティアなのですけどね。でも、それが仮にボランティアであれ、地域の活動であれ、理念と活動内容を一致させるべきです。野球界全体について言えば、理念の多様性こそ一番必要だと思います」

個人的に勝利至上主義には反対だが、選ぶ人がいる限り、勝利至上主義のチームにも存在意義がある。少なくとも、我が子をスパルタ式で育ててほしいという親も存在するのだ。子どもの同意がある限り、家族の意思は尊重されることが望ましい。子どもや親には、選ぶ権利があるからだ。

現在の日本野球界の問題は、勝利至上主義のチームばかり存在していることにある。第三章で「高校野球の二極化」について取り上げたが、勝亦准教授は高校野球のそもそものあり方について指摘する。

「高校野球の二極化という話になるのは、『強い・弱い』という軸だけで見るからです。そこにもう一つのY軸をつくって、例えば『競技性が高い・レクリエーション（楽しむことを重視）』という軸があるとします。そうなると、『うちはレクリエーションがすごく高くて、同時に強いチームを目指そう』というチームが出てきます。チームが2軸のマトリクス表の中でどの辺に位置しているかがわかると、子どもたちは選びやすいし、自分はどこで野球をやりたいかをもっと考えるようになると思います。

今は『甲子園優勝』という軸しかなく、その軸から離れた人が軟式野球をやっていたりしますよね。だから、選択肢を増やせばいい。子どもたちが自分の進路を考えるという意味でも、高校野球こそ理念が大事だと思います」

野球を始めた少年の9割にとって、野球人生のゴールは高校野球だ。自分が18歳を迎えるまで、野球とどのように関わっていきたいのか。甲子園を目指して懸命に努力を重ねる球児がいれば、野球を楽しむことを第一に取り組む者や、受験との両立を掲げる学生がいてもいい。チームの目的次第で、週の活動日数や練習時間も変わってくる。

一方で高校野球の先に大学やプロを見据える1割の場合、「甲子園を目指して徹底的に追い込み、その先に上の世界がある」という考え方もあれば、「高校野球で酷使されて壊されたくない。甲子園も目指したいが、それよりプロに行ける可能性を重視したい」という進学先の選び方もあるだろう。ただし気をつけてほしいのは、メディアの前では綺麗事を言う一方、クローズドの練習場では異なる振る舞いをする監督もいるので、保護者や子どもは指導者やチームの本質をしっかり見極めることが必要だ。

高校野球を運営する日本高野連に対しては、現状のトーナメントよりリーグ戦の導入を求めたい。一発勝負のトーナメントでは弱肉強食の世界となりやすく、強い者ばかりが多くの肉を得て、弱い者との機会の均等性が保てなくなるからだ。子どもの野球離れが進むなかで「200年構想」を目指すには、強い者だけではなく、多様な者が幸福に生きていけるような全体設計が大切になる。

野球村に起きる自然淘汰

本書をここまで読んだ人はすでにお気づきかもしれないが、幸か不幸か、日本の野球界が一つになることは未来永劫ないだろう。川淵三郎のような改革者が現れることもない。発祥から現在までの歴史、さらに団体ごとに目指すものが異なっていることを考えると、「日本野球界」として統一した理念を掲げることさえ難しいのが実情だ。

ただし、異なる成り立ちで多様な組織が運営されてきたからこそ、現在の野球界ができ上がったのも事実である。

１９６０年代にテレビ視聴率20％以上を記録していたキックボクシングが人気を大きく落としていった一方、観客動員で言えば現在でもプロ野球は日本で最も多く、高校野球はＪリーグを抑えて２番目の数を誇っている。

だが、これがいつまでも続くとは限らない。すでに子どもの野球離れという地盤沈下が始まっているなか、大事なのは、今後どうやって生きながらえていくかだ。

未来に向けて求められるのは、多様性と自然淘汰だと勝亦准教授は見ている。

「国内で組織として一体化しているのはサッカーなどに限られますし、他の競技団体はそうでなくても成り立っています。何より野球は日本の村社会の象徴です。だったら、それぞれに理念があって、『オラが村はこうやっている。ここに住みたいヤツは集まれ』と、競争ではないですけど、『隣の村には負けたくない』とそれぞれが成長していく。そのなかでダメな村は淘汰されていくのがいいのかなと思います。淘汰されることで、そこに新しく別のものができる。新陳代謝ですよね。人の体の組織も全部入れ替わるわけですから。人間は30年後、今ある自分の身体のパーツがほぼないんですよね。人間はそれで成り立っているわけですから、社会も同じことですよね」

筆者自身、野球界は一つになるべきだと長らく考えていた。しかし歴史を学び、内情を知るにつれ、一つになるのは不可能だと観念した。

今は、一つにならないほうがいいと考えている。サッカーのようにもともと一つだったわけではなく、長らくバラバラの野球界が仮に一つになったとしても、〝大人の事情〟で縄張り争いが起きるだけだろう。全日本野球協会や侍ジャパンで代表者が集まって会議を開いても、何も決められないと全日本軟式野球連盟の宗像専務理事も明かしている。

そして、一つにならなくても明るい未来を築いていくことはできる。

大きな成功例が、2004年のプロ野球再編騒動後のパ・リーグだ。6球団が自立型の組織としてありつつ、必要な部分ではアライアンス（同盟）を組んでノウハウを共有し、さらにリーグビジネスを始めた。そのうえで各球団が色を打ち出し、リーグ全体の底上げがなされている。本来はＮＰＢの12球団で行うことが望ましいが、残念ながら実現できず、６球団で手を結んで先に始めた。できない理屈を並べて嘆いているより、できることから始めるほうがいい。

パ・リーグを模範に、今後の野球界は未来志向であるべきだ。

野球界の未来を変える者たち

地盤沈下が進む野球界では、すでに変化の兆しが様々に現れている。

中学校で本格的に野球を続けたい子どもたちの受け皿として２０００年代後半に登録人数を増やしていた硬式クラブチームは、いよいよ下落傾向に入った。２０１２年には５万２７７３人が登録していたものの、２０１８年には４万８６８２人と年を追うごとにその数を減らしている（２０１９ＪＡＢＡ講習会資料より）。

一方、部員減少の著しい中学年代の軟式野球では、クラブチームという形態が増えてきた。東京都には約１００チームあり、２０００年に東村山市の教育長から要請を受けて発足した東村山パワーズはその一つだ。野球経験のある指導者が高校より先を見据えた指導を週5日行い、レベルの高い硬式クラブでプレーするのは憚られるが、軟式で楽しみながら野球を続けたいという近隣の少年たちから支持を得ている。

埼玉県川口市では新郷地区の中学野球部の顧問たちが中心になってクラブチームを発足させた。スポーツ庁の主導で部活動の週休2日制が本格的に導入された場合、その両日に野球をやらせる場所がほしいという保護者の要望と、野球を教えたいという顧問たちの希望が合致し、自主的にチームを立ち上げた格好だ。「部活動×地域」の複合型スポーツシステムというイメージを掲げ、いずれは地元の小学生とも連携していきたいと考えている。

少子高齢化がますます加速するなか、野球界が少しでも明るい未来を築くためには、価値観のアップデートが不可欠だ。

2018年末、新潟県高野連が翌年の春季大会から導入を発表した球数制限は好例だ。日本高野連は「全国で一斉に始めるのが望ましい」と再考を求め、有識者会議で検討しているが、悠長に構えている暇はない。自分たちの未来を自分たちで決めるためには、行動を積み重ねていくしかない。この5年から10年の間でどこまで価値観をアップデートできるかで、野球界の未来は大きく変わるはずだ。

各地では、危機感を強める個人が様々な活動を始めている。本章に登場した慶友整形外科の古島医師が中心となり、2019年1月には「ぐんま野球フェスタ」が行われた。同院など3つの病院が協賛金を出し、肘のエコー検査や指導者講習会、県内の7つの高校も参加した野球教室などが無料で行われ、4000人の大人と子どもが集まった。

ほかにも約500人の指導者に野球障害の予防をテーマに行われた「神奈川学童野球指導者セミナー」や、埼玉西武ライオンズと埼玉県川口市中体連野球専門部が野球人口減少に歯止めをかけるべく手を組んで開催した「川口市ベースボールサミット」など、団体の枠を越えた取り組みがいくつも始められている。

こうした活動はトップダウンではなく、自発的に行われているのが特徴だ。統括団体による変革を待つのではなく、自分たちが今できることを探し、行動し、新しい価値観を提示していく。

残念ながら、一つになれない野球界の構造は今後も変わらない。業界を牛耳る長老たちは、しぶとく居座り続ける。

構造が変わらない以上、求められるのは価値観のアップデートと、個々の自立だ。旧態依然の野球界の未来を変えられるのは、意志ある個人しかいない。

おわりに

野球離れが進んでいるのは、日本に限った話ではない。

アメリカのスポーツ専門局ＥＳＰＮの調査によると、ＭＬＢの視聴者の平均年齢は53歳で、３大スポーツのなかで最も高かった（NewSphere の記事「『野球離れ』が米で深刻化　視聴者の平均年齢53歳　競技人口も減少中」〔２０１５年4月7日〕より）。

ファンの高齢化と同時に子どもの野球人口も減少しており、ＥＳＰＮの調査を担当する心理学者は同記事内で、「もし、野球界が何もしなくても、あと10年は横ばいを保つかもしれない。しかし、20年後にはアメリカン・ライフにおいて二次的なポジションに落ちるだろう」と話している。

野球は道具にカネがかかり、競技をするには一定の人数と場所が必要だ。観戦するにも試合時間が長く、いつ終わるかもわからない。忙しい現代人のライフスタイルに合わなくなっているのは、アメリカでも同じ現象のようだ。

それだけに、2019年2月20日にウォール・ストリートジャーナルから配信された記事「野球人気復活か、米国でアマチュア人口2割増」には驚かされた。

2018年のアマチュア野球人口（6歳児～大学生）は1590万人で、2014年と比べて21％増加。MLBが2015年に「プレーボール」という全米的なプログラムを始め、子どもたちにバットの振り方やボールの投げ方、捕り方を教える取り組みが一役買ったという。

またMLBとアマチュア野球の統括団体「USAベースボール」は2018年、幼稚園から小学4年生までの体育の授業に野球を取り入れるプログラムを開始し、2019年には100万人の子どもにリーチすることを目標としている。

日米を問わず、プロ野球はアマチュアのつくった選手たちのおかげで成り立っていることは言うまでもない。そうした視点に立てば、プロ球団や機構が野球の普及振興を行うのは当たり前のことだ。行動によって〝恩返し〟をすることはもちろんだが、アマチュア選手がいなくなれば、プロリーグは成り立たなくなるからである。

翻って、日本のプロ野球＝NPBはどうだろうか。

ＮＰＢの公式ホームページにある「平成29年事業報告」の公益目的事業（野球振興事業）の最初の項目に、「ＮＰＢ12球団ジュニアトーナメント」がある。毎年12月、プロ野球の12球団が小学5・6年生を集めてチームを結成し、王者を決める大会だ。２００５年に始まり、過去には松井裕樹（楽天）や森友哉（西武）、オコエ瑠偉（楽天）らが出場した。

関係者によると、経費は約1億円。しかし、野球振興事業という点での効果は懐疑的だ。1チームは16人以内で、フランチャイズ地域周辺から、いわゆる〝うまい子〟を中心に選抜される傾向にある。また、全国的に寒い12月はオフシーズンにするべきで、この時期にＮＰＢが主導して子どもに試合を行わせるのは望ましくない。

ある球団関係者は、同大会の意義についてこう疑問視した。

「参加できる子どもは２００人くらいです。その子たちは喜ぶかもしれないけど、そもそも参加できるのは12球団のフランチャイズの子どもたちが中心ですよね。例えばその1億円を使うなら、独立リーグと組んで普及振興活動を全国に広げていけばいい。そういう話を会議で3年くらいしているけど、『確かにそうだよね』と言ってくれる人さえいません。普及振興という意味では、お金の使い方が違うんじゃないかなと。それをわかってもらえないということは、そういうマインドがないんだろうなと。『12球団で一緒にやろう』と言っても、足並みがそろわないという印象を受けていますね」

ニッカンスポーツ・コムの記事「12球団大きな反対なし、プロ野球くじ導入を再検討」（2018年2月23日）によると、「NPBは野球振興に特別会計から年間約1億円を充てているが、残り2年で底を突くという」。関係者から存在価値を疑問視される「NPB12球団ジュニアトーナメント」でさえ、今後続けられるかは定かでない。

日本の野球離れを食い止めるためには、NPBが責任を果たすことが不可欠だ。繰り返すが、野球界で最も資金力があり、アマチュアに恩を返すべきはプロである。全国から選手を獲得している以上、本拠地のあるフランチャイズ地域でマーケティングの一環として普及振興活動を行うだけでなく、他府県でも実施するのが当然の責任だ。

とはいえ現状のNPBは単なる〝調整機関〟であり、MLBのようにリーダーシップを発揮することは期待できそうにない。

そこで考えられる一手が、プロ野球のエクスパンション＝球団数拡大だ。各球団の普及振興活動を見ると、熱の入れように温度差はあるものの、その影響力はやはり大きい。

NPBに統括団体として多くを期待できない以上、日本列島をもっと広くカバーするには、新球団を増やせばいい。

2018年、ZOZOの前澤友作社長による「プロ野球球団を持ちたいです」というツイートは大きな反響を呼び、球界のあり方が改めて見直された。メディアやSNSの反応を見ると、新球団誕生を待ち望んでいるファンは多くいるように感じられる。

50年以上もプロ野球でエクスパンションが実現されていないのは、「独占」という考え方が強いからだろう。昭和の時代のプロ野球はテレビ中継とともに人気が拡大し、地上波の試合中継やニュースで報じられ、親会社は投資額以上の広告価値を得てきた。巨人の人気が全国に及んだのは、電波を通じてその勇姿が日本列島の隅々にまで届けられたことが何より大きい。

そうした利権を他社にも享受させるのではなく、限られた球団だけでリーグを運営したほうが、プロ野球の旨味を占有できる。地上波のチャンネル数は限られているからだ。だからこそ新規参入を受け入れないばかりか、2004年の球界再編騒動の際には10球団1リーグ制が模索された。

ビジネスの世界では「市場拡大」という発想が当たり前なのに対し、プロ野球の市場は現実的に見れば国内しかない以上、そこを「独占」したほうがいい。テレビの地上波中継に後押しされ、そうしたあり方をしてきたのが2000年代中盤までのプロ野球だった。

しかし、平成が終わりを迎え、プロ野球のあり方は劇的に変わっている。地上波の放送はいくつかのフランチャイズ球団のある地域でしか行われず、プロ野球はスタジアムで現地観戦するか、有料放送やインターネット配信で見る時代になった。

チャンネル数の決まっている地上波と異なり、衛星放送やネットのチャンネル数は無数にある。現代の人々の趣味嗜好は多岐にわたり、「巨人・大鵬・卵焼き」の頃のように「独占」という考え方は成り立ちにくい。今は多様性こそ、豊かな社会をつくる価値観だ。

プロ野球や高校野球のスタジアムには多くの観客が足を運ぶ一方、子どもの野球離れ、ファンの高齢化が同時に進んでいる。

「もし、野球界が何もしなければ、20年後にはジャパニーズ・ライフにおいて二次的以下のポジションに落ちるだろう」

著名な心理学者でなくても、野球界の決して明るくない未来が目に浮かぶ。今よりはるかに多く、優秀な日本人選手は海の向こうを目指すようになるだろう。そうした未来はおそらく、多くのプロ野球ファンにとって望ましくないはずだ。

では、我々にはどんなことができるだろうか。

2004年の球界再編騒動で10球団1リーグ制の流れを止めたのは、選手とファンの声や行動だった。外部から支える者が、当事者として小さな声や行動を積み重ねていくことで、世界を変えられるという成功例がプロ野球にはすでにある。

個人的にはジャーナリストとして、フリーエージェント制度の改革を促したいと考えている。2018年オフにFA権を行使した浅村栄斗（西武→楽天）と丸佳浩（広島→巨人）の報道やSNSを見ていると、現行の制度はファンにも選手本人にも不必要に嫌な思いをさせているように感じられた。制度の限界に来ているフリーエージェントの改革に加え、プロ野球選手会が検討している「現役ドラフト」（チームに飼い殺しにされている選手が他チームに移籍しやすくするための措置）を導入することで、人材の流動化と活性化を起こし、ひいてはエクスパンションへとつなげられないだろうか。そうなれば新球団の加盟料がNPBに入るので、普及振興活動費にあてることができる。

第六章の最後で「旧態依然の野球界の未来を変えられるのは、意志ある個人しかいない」と書いた。もちろん、本書を手にしてくれた野球ファンの皆さんも当事者だ。子どもと一緒にキャッチボールをしたり、学童野球のチームに参加したり、プロ野球や高校野球を見に行ったりすることはもちろん、球界の活性化を願って声をあげるだけでも大きな「意志」になる。社会を変えられるのは、個人の意志にほかならない。

本書を記したのは、野球界の足元を揺るがす子どもの野球離れと、決して無関係ではない野球界の構造を少しでも知ってほしいと思ったからだ。執筆のオファーをくれ、編集を担当してくれた新潮社の横手大輔氏に感謝する。また、取材に応じてもらった各氏はもちろん、貴重なデータを提供してくれた北海道日本ハムファイターズの大渕隆スカウト部長、筑波大学大学院人間総合科学研究科の見延慎也氏にお礼の言葉を記したい。

阿部慎之助と同学年の筆者は30年後、ちょうど70歳を迎えている。その頃の日本の野球界が、今より繁栄していることを願うばかりだ。

２０１９年７月　　中島大輔

中島大輔　1979（昭和54）年埼玉県生まれ。上智大学卒。スポーツ・ノンフィクション作家。著書『中南米野球はなぜ強いのか』（亜紀書房）で、第28回ミズノスポーツライター賞優秀賞を受賞。

Ⓢ新潮新書

825

野球消滅《やきゅうしょうめつ》

著　者　中島大輔《なかじまだいすけ》

2019年8月20日　発行

発行者　佐藤隆信

発行所　株式会社新潮社

〒162-8711　東京都新宿区矢来町71番地
編集部(03)3266-5430　読者係(03)3266-5111
https://www.shinchosha.co.jp

印刷所　錦明印刷株式会社

製本所　錦明印刷株式会社

ISBN978-4-10-610825-9　C0275

Ⓢ新潮新書

766
発達障害と少年犯罪
田淵俊彦
NNNドキュメント取材班

負の連鎖を断ち切るためには何が必要なのか。矯正施設、加害少年、彼らを支援する精神科医、特別支援教育の現場などを徹底取材。敢えてタブーに切り込み、問題解決の方策を提示する。

520
反省させると犯罪者になります
岡本茂樹

累犯受刑者は「反省」がうまい。本当に反省に導くのならば「加害者の視点で考えさせる」方が効果的――。犯罪者のリアルな生態を踏まえて、超効果的な更生メソッドを提言する。

659
いい子に育てると犯罪者になります
岡本茂樹

親の言うことをよく聞く「いい子」は危ない。自分の感情を表に出さず、親の期待する役割を演じ続け、無理を重ねているからだ――。矯正教育の知見で「子育ての常識」をひっくり返す。

754
脳は回復する
高次脳機能障害からの脱出
鈴木大介

41歳で脳梗塞になった後、僕は僕じゃなくなった⁉ 小銭が数えられない、電話できない、会話できない……リハビリ後の困難とその克服を描く『脳が壊れた』著者の最新刊。

702
ADHDでよかった
立入勝義

正面から向き合ったことで、「障害」は「強み」に転じた。実は世の天才、成功者も「ADHDだらけ」！ アメリカ在住20年の起業家・コンサルタントが綴った驚きと感動の手記。

Ⓢ新潮新書

792
さよなら自己責任
生きづらさの処方箋
西きょうじ

そもそも、成功は努力の結果なのか？　そもそも、なろうとして人は幸福になれるのか？　相互監視と同調圧力が増すばかりの現代社会——肩の力を抜いて生きてゆくための12の思考法！

788
決定版　日中戦争
波多野澄雄　戸部良一
松元崇　庄司潤一郎
川島真

誰も長期化を予想せず「なんとなく」始まった戦争が、なぜ「ずるずると」日本を泥沼に引き込んでしまったのか——。現代最高の歴史家たちが最新の知見に基づいて記した決定版。

787
払ってはいけない
資産を減らす50の悪習慣
荻原博子

「持病があっても入れる保険」「日本一売れている投資信託」「まとめ買い」——やってはいけない50の無駄遣いを一刀両断！　バカを見ないための資産防衛術、決定版。

785
米韓同盟消滅
鈴置高史

北朝鮮に宥和的な韓国の本音は「南北共同の核保有」に他ならない。米韓同盟は消滅し、韓国はやがて「中国の属国」になる——。朝鮮半島「先読みのプロ」が描く冷徹な現実。

781
AI時代の新・地政学
宮家邦彦

大事なのは、技術の革新を認識しつつ、変わらぬ人間の本質と冷徹な現実を見据え、クールに考え抜く姿勢だ。戦略的思考に定評のある元外交官が、来たるべき未来の姿を展望する。

Ⓢ新潮新書

779 甲子園という病 氏原英明

壊れる投手、怒鳴る監督、跋扈する敬遠策……勝利至上主義の弊害を「感動」でごまかしてはいけない。監督・選手の証言多数。甲子園を知り尽くしたジャーナリストによる改革の提言。

777 神社崩壊 島田裕巳

二〇一七年末に富岡八幡宮で起きた前代未聞の事件は、〝崩壊〟の予兆なのか――。不透明な経営や経済格差、神社本庁の正体、「日本会議」との関係など、宗教学者が神社界のタブーを抉る。

775 悪魔と呼ばれたヴァイオリニスト パガニーニ伝 浦久俊彦

守銭奴、女好き、瀆神者。なれど、その音色は超絶無比――。自ら「悪魔」のイメージを身にまとい、死後も幽霊となって音楽を奏でているとまで言われた伝説の演奏家、本邦初の伝記。

769 本当はダメなアメリカ農業 菅正治

保護主義で輸出ひとり負け、人手不足、高齢化、作物は薬漬け……。「自由化したら日本農業が壊滅する」なんて大ウソだ！　現地を徹底取材したジャーナリストが描き出す等身大の姿。

767 コンビニ外国人 芹澤健介

全国の大手コンビニで働く外国人店員はすでに4万人超。ある者は8人で共同生活し、ある者は東大に通い――。なぜ増えた？　普段は何をしている？　知られざる隣人たちの実情とは。

Ⓢ新潮新書

764 知の体力 永田和宏

「群れるな、孤独になる時間を持て」「出来あいの言葉で満足するな」――。細胞生物学者にして日本を代表する歌人でもある著者がやさしく語る、本物の「知」の鍛錬法。

760 素顔の西郷隆盛 磯田道史

今から百五十年前、この国のかたちを一変させた西郷隆盛とは、いったい何者か。後代の神格化を離れて「大西郷」の素顔を活写、その意外な人間像と維新史を浮き彫りにする。

756 「毒親」の正体 精神科医の診察室から 水島広子

「あなたのため」なんて大ウソ！　不適切な育児で、子どもに害を与える「毒親」。彼らの抱える精神医学的事情とは。臨床例をもとに精神科医が示す、「厄介な親」問題の画期的解毒剤！

753 新聞社崩壊 畑尾一知

十年で読者が四分の一減り、売上はマイナス六千億円――。舞台裏を全て知る元朝日新聞販売局の部長が、限界を迎えつつある新聞ビジネスの窮状を、独自のデータを駆使して徹底分析。

752 イスラム教の論理 飯山陽

コーランの教えに従えば、日本人は殺すべき敵であり、「イスラム国」は正しいイスラム教徒である――。気鋭のイスラム思想研究者が、西側の論理とはかけ離れたその本質を描き出す。

Ⓢ新潮新書